保育の心理学

長谷部比呂美
日比　曉美
山岸　道子
吉村真理子

ななみ書房

まえがき

　本書は，保育士や幼稚園教諭になることを目指して学ぶみなさんに向け，人間のこころ，特に子どものこころの発達についていっそう興味を深め，確かな知識を身につけていただくことを願ってまとめられたテキストです。保育者には，どんなときも子どもの傍らに寄り添う温かさや伸びゆく子どもの可能性を信じる強さ，それを裏打ちする心理発達の道筋についての的確な理解や正しい知識が求められます。

　本書は，『保育の心理を学ぶ』（2011年発行）を改訂・増補して発行するものですが，3つの章から構成されています。第1章〜第3章②は，2019年度から実施される新保育士養成カリキュラム「保育の心理学」に添った章立てをして，保育に関わる心理学の基本的知見を整理し，人間のこころの生涯発達を概観しています。養成課程のテキストとして，授業によって説明を加えていただくこと，さらに関連事項や深い内容を補っていただくことを前提に，基本的事項のみをできる限りコンパクトに，平易に概説することを心がけました。第3章③は実践事例とその解説からなっています。第3章②までに概説した知見や心理学的なもののとらえ方が，事例に登場する子どもたちから立ちのぼる息吹と，自ずと結びついて感得していただけるように工夫しました。自学自習される際には，まず第3章③から読み進んでいただき，実践場面でのリアルな子どもの姿に重ね合わせて，心理学を身近に感じながら，子どもたちを理解していただけると幸いです。また，各章の随所に，保育を志すみなさんに紹介したいトピックをコラムとして配しました。

　わが国では少子化が進み，合計特殊出生率は低下したままです。私たちが経験したことのない人口急減社会で，子どもの数も減っているにもかかわらず，不適切な養育（マルトリートメント），小中学生の不登校・若者のうつ病の増加，社会的ひきこもり，ニートなど深刻な問題が山積しています。生きづらい世の中です。私たちのこころに負担をかけているものは一体，何なのでしょうか？

一人ひとりが尊重されるべき独自な存在として，自律性をもつ存在として，いきいきと生きることのできる社会，そして同時に他者とともに豊かに生きることのできる社会は，どのようにしたら実現できるのでしょうか。そうしたことについて，最も大切で再考すべきは，乳幼児の保育に始まる人間の発達と生涯学習にあるのではないかと考えます。乳幼児期の重要性は今や，全世界で認識され，乳幼児についてはいろいろな研究がなされ，さまざまな政策もとられています。

　みなさんに興味・関心をもって学んでいただくことが本書の意図するところです。保育学や心理学のみならず，脳科学，進化学，遊具や環境デザインなどさまざまな分野の専門家が，子どもたちに熱いこころを寄せていることも含め，全章を通して少しでも，読みやすくわかりやすくと心がけました。あちこちにくり返し書かれていることがらがありますが，それらは，みなさんに，どうしても理解していただきたい，そして保育に役立てていただきたいと思っていることがらです。しかし，まだ改善すべき点も多く，今後，ご意見やご講評を賜りながら，養成教育の心理学テキストとしてより適した内容に改めて参りたいと願っています。

　ななみ書房・長渡晃氏には，教育的な配慮に満ちた企画や編集はもとより，折りに触れて，懇切なるご助言と熱意に支えていただきました。心より深く感謝申し上げます。また，本文中のカットにつきましては，小川和子さんと峠奈保美さんが前書に描いて下さったものを一部，色をさして使わせて頂きました。ここに記して，心から感謝いたします。

　　　2019 年 2 月

著　者

も く じ

■ まえがき

第1章 発達を捉える視点

① 子どもの発達を理解することの意義 ………………………………… 7

　1 保育実践の評価と心理学　7
　　1 保育とは　7　　　　　　　**2** 保育実践の評価　8
　　3 子どもに対する評価　10　　**4** 評価の方法　11
　2 子どもの発達を理解することとは　12
　　1 生涯発達する人間　12　　　**2** 乳幼児の発達の理解　14
　　3 発達理解の実際　18
　3 生涯発達と発達援助　19
　　1 人生周期（ライフサイクル）と漸成　19
　　2 発達援助　21

② 子どもの発達と環境 ………………………………………………… 23

　1 子どもと環境　23
　　1 環境の中で　23　　　　　　**2** エコロジカル・システム　23
　　3 子どもにとっての環境問題　24
　　4 環境を通しての保育　25
　2 子どもの欲求　26
　　1 基本的欲求　26
　　2 自己実現の欲求と自己超越の欲求　27
　　3 欲求不満と欲求不満耐性　28
　　4 防衛機制　28
　3 環境との相互作用　29
　　1 社会化と個性化　29　　　　**2** 敏感期・臨界期　31
　　3 発達の最近接領域の教育　31
　　4 アフォーダンス　33
　4 子どもの気付きと理解　34
　　1 自然の事象や変化への気付き　34
　　2 生命の仕組みや大切さへの気付き　34
　　3 他者の気持ちや地域への関心　34
　　4 自分の気持ちや考えへの気付き　35
　　5 文字や数量の意味や役割の理解　35
　5 環境としての母親・保育者　35

1 母親・保育者は最大の環境である　35

2 環境調整　36

3 不適切な養育（マルトリートメント）　36

3 発達理論と発達観・子ども観・保育観 ……………………………… 37

1 発達理論　37

1 フロイトの理論　37　　　　**2** エリクソンの理論　37

3 ピアジェの理論　38　　　　**4** スキャモンの理論　38

2 発達観　39

1 遺伝優位説　39　　　　**2** 環境優位説　39

3 相互作用説　39

3 子ども観　39

1 「子どもは白紙で生まれてくる」という考え方　39

2 「子どもは白紙で生まれてくるのではない」という考え方　40

3 「子どもは勝手で欲求のままに生きている存在である」
　　という性悪説　40

4 「子どもは生まれつき能動的で自ら成長しようとする存在である」
　　という性善説　41

5 「子どもは神さまからの預かりもの」という考え方　41

4 保育観　41

1 積極的な保育観（教え込むこと）　42

2 消極的な保育観（育むこと・引き出すこと）　42

第2章　子どもの発達過程

1 社会情動的発達 ………………………………………………………… 45

1 社会情動的コンピテンス／スキル　46

1 認知能力と非認知能力　46

2 基本的情動と社会的情動　46

3 情動の機能　48

4 社会情動的コンピテンス／スキル　48

2 人間の発達過程　49

1 乳児期　〈基本的信頼〉－〈不信〉：〈希望〉　49

2 幼児前期　〈自律性〉－〈羞恥・疑惑〉：〈意志〉　51

3 幼児後期　〈自発性（積極性）〉－〈罪悪感〉：〈目的〉　53

4 児童期　〈勤勉性〉－〈劣等感〉：〈有能感〉　56

5 青年期　〈自我同一性〉－〈同一性の拡散〉：〈忠誠〉　58

6 成人前期　〈親密性〉－〈孤独〉：〈愛〉　59

7 成人中期　〈生殖性〉－〈停滞〉：〈世話〉　60

8 成人後期　〈自我の統合性〉－〈拡散〉：〈知恵〉　61

もくじ　5

3 養育者との関わりと発達　62

  1 人への選好・他者の表情の理解　62

  2 共同注意（ジョイント・アテンション－ 二項関係から三項関係へ　62

  3 社会的参照　63　　**4** 愛着の発達　63

4 仲間関係　66

  1 幼児期の仲間関係　66

  2 社会的参加 － 幼児期の遊び，仲間関係の広がり　67

5 情動調整能力　67

  1 情動調節　67　　**2** 情動の調整　68

  3 情動表出の発達　69　　**4** 心の理論　69

  5 自己主張・自己抑制　70　　**6** 社会的観点の取得　71

6 道徳性と向社会的行動の発達　71

  1 道徳性の芽生え　71

  2 向社会的行動 － 思いやりや協調性　72

  3 攻撃行動 － 関係性攻撃　72

  4 子どものうそ　73　　**5** ルールの理解　73

  6 道徳性の発達　74

7 子どもの学び － 生活・遊びを通した学習と動機づけ　75

  1 学　習　75　　**2** 動機づけ － 子どものやる気　76

2 身体的機能と運動機能の発達　………………………………………　78

1 身体的機能の発達　78

  1 身長・体重　78　　**2** 脳神経系　79

  3 循環機能と呼吸機能　80　　**4** 免疫機能　81

  5 生殖機能　81

2 運動機能の発達　81

  1 反射運動の段階　81　　**2** 基礎的運動の段階（0〜2歳）　82

  3 基本的運動の段階（2〜7歳）　85

  4 運動能力の発達　85

3 感覚・知覚と認知の発達　………………………………………　86

1 感覚・知覚の発達　86

  1 視覚　86　　**2** 聴覚　88

  3 嗅覚　88　　**4** 味覚　88

  5 皮膚感覚　88

2 思考の発達　89

  1 ピアジェによる思考の発達段階説　89

3 記憶の発達　90

  1 記憶のメカニズムと分類　91　**2** ワーキングメモリ　92

4 ことばの発達 － 話して伝える，考える　………………………………　92

- **1** 初めてのことば　　92
- **2** 語彙のひろがり　　93
- **3** 伝えるためのことば・考えるためのことば　　94
- **4** 母語の体系の獲得　　95
- **5** 音韻意識とかな文字への興味　　95

5 児童期から青年期の発達 ……………………………………………… 97

- **1** 児童期（学童期）　　97
  - **1** 知的面の発達　　97　　　**2** 社会性の発達　　98
- **2** 青年期　　99
  - **1** 心理的特徴　　99　　　**2** からだの発達の特徴　　100
  - **3** 不登校，いじめ，ひきこもり － 思春期の問題行動　　101

第3章　子どもの学びと保育

1 乳幼児期の学びに関わる理論 ………………………………………… 103

- **1** 乳幼児期の学びと保育　　103
- **2** レスポンデント条件づけ（古典的条件づけ）　　105
- **3** オペラント条件づけ（道具的条件づけ）　　106

2 乳幼児期の学びの過程と特性 ………………………………………… 112

- **1** 適応行動の形成　　112
- **2** アニミズム的思考の揺れ　　112

3 乳幼児の学びを支える保育 …………………………………………… 115

- 事例**1**「奏ちゃんのお弁当」【自己体験による学習】　　115
- 事例**2**「尚果ちゃんのヒゲ」【感情の発達と自我】　　118
- 事例**3**「4歳のこころ」【自己主張（自己発揮）・自己抑制】　　122
- 事例**4**「スイカの種」【自分の保育実践で，保育者の子どもを見る目】　　126
- 事例**5**「みなみちゃんのお迎え」【母親という環境】　　129
- 事例**6**「自分がいる，自分でない人がいる」【発達援助】　　132
- 事例**7**「さっちゃんのひとり言」【考えるための言葉】　　136
- 事例**8**「だれのか覚えているよ」【記憶の発達】　　139
- 事例**9**「葉っぱのお皿」【象徴機能の獲得】　　142

執筆分担

長谷部　第2章**1** - **3** **4** **5** **6** **7**，**2** - **2**，**3** **4** **5**
　　　　第3章事例解説**7** **8** **9**

日比　　第1章**1** **2** **3**，第2章**1** - **1** **2** **3** **5** **6**，**2** - **1**
　　　　第3章事例解説**1** **2** **3** **4** **5** **6**

山岸　　第3章事例**1** **2** **3** **4** **5** **6** **7** **8** **9**

吉村　　第3章**1** **2**

第1章
発達を捉える視点

1 子どもの発達を理解することの意義

　今，わが国で，子どもは子どもとして，本当に大切に育てられているのであろうか。子どもは子ども時代をどのように育てられるべきなのであろうか。
　何のために発達を理解するのであろうか。心理学は，どういう点で保育に役立つのであろうか。

1 保育実践の評価と心理学

　今，ここにいる子どもをどのように支援していけば次につながるのか。保育実践の評価は，自分の保育実践に対する評価と子どもに対する評価に大別することができる。

1 保育とは

1 保育とは養護と教育のことである

　保育とは，養護と教育が一体になった働きかけであるという考え方が一般的である。養護とは危険がないように保護し，育てることであるが，幼い子どもたちへの関わり方は，常に保護的であると同時に教育的でなければならない。子どものこころに寄り添い，受け止め，子どもの成長の糧となる働き

かけを与え続けることすべてが保育である。

❷　乳幼児期の教育

教育とは教えることと，育むこと。教育の目的は，心身ともに自律・自立した健康な人間を育成することである。

さて，「教育には二つの役割がある。一つは「文化の伝達」であり，もう一つは「成長と創造の援助」である。」❶

乳幼児期における「文化の伝達」は主として「しつけ」という形で行われる。たとえば，基本的生活習慣や社会生活のルール，言語によるコミュニケーションの方法を教えていくことなどがこれにあたる。これは「社会化」ともいう。

「成長と創造の援助」とは，子どもが自分の力を存分に発揮して，新しい文化を創造することができるようにさまざまな援助を行っていくことである。乳幼児期の子どもは主として遊びを通して創造的な活動を展開する。これは「個性化」にあたる。

社会化：
第1章／❸環境との相互作用（p.29）参照

創造：
第1章／❸環境との相互作用（p.29）参照

個性化：
第1章／❸環境との相互作用（p.29）参照

❸　発達の最近接領域の教育

子どもに新しいことを学習させるとき，どのくらい難しい課題を選ぶかということは保育者にとっては大きな課題である。現時点で，たやすくできることをさせても，子どもはやる気にならないであろう。また，難しすぎることをさせて，やる気を起こすこともできない。失敗経験によってやる気がなくなることもあるであろう。

ヴィゴツキー，L.S. は，個人の発達には自力で成し遂げられる発達レベルと援助されて達成できるレベルがあることを指摘し，両者の幅を「発達の最近接領域」と呼んでいる❷。

教育は一人ひとりの子どもの「発達の最近接領域」を意識して行わなくてはならない。すなわち，援助があれば達成できる課題に取り組ませ，自力でもできる水準に高めること，また全くできない課題についても援助があればできる水準にまで高めることを意図することである。

発達の最近接領域：
ヴィゴツキーは発達を2つの水準でとらえる考え方を提唱した。1つは現時点で子どもが自力で達成できる水準であり，もう1つは他者からの援助があれば，達成できる水準である。この2つの水準の差を「発達の最近接領域」と呼んだ。

❷　保育実践の評価

❶　子どもを見る目・自分を見つめる目

保育者には，自分が「子どもへの確かなまなざしをもっているか」を，いつも自分に問うて，保育をすることが求められる。子どもへの確かなまなざしとは，どのようなことであろうか。

- ❶　子どもが好きか。どの子どもも好きか
  - 子どもが好きということは，どの子どもも好きということである。
  - 子どもに深い関心と尊重の気持ちをもっているか。

❷ 子どもの発達課題，個人差に対応した保育ができているか

- 子どもの発達の過程を理解しているか。
- 子どもの発達課題を理解しているか。
- 子どもの変化を見逃さずに励ましているか。

❸ 子どもの共感的理解ができているか

- 自分の目の前にいる子どもを「安心」で包んでいるか。
- 自分のこころを開き，素直な気持ちで子どもと接しているか。
- 子どもの甘えを受容しながら，子どもを論しているか。
- 子どものよいところを見つけ，子どもを肯定的に見ようとしているか。

❹ 子どもを客観的に理解しているか

- 子どもと公正・公平に，向き合っているか。
- 子どもをいろいろな角度から偏りなく的確に把握しているか。

❺ 子どもの気持ちを感じ取りながら，課題中心的な保育をしているか

課題中心的な (problem-centered)

- 子どもの思い，考え，欲求を大切に考えているか。
- 子どもから学び，自分を高めようとしているか。

❻ 自分が計画した保育を優先させる自己中心的な保育をしていないか

自己中心的な (ego-centered)

- 目の前にいる子どものことを最優先に考えているか。
- 子どもとともに考え，ともに成長しようとしているか。

❼ カウンセリング・マインドをもって，保育をしているか

- 子どもへの確かなまなざしとはカウンセリング・マインドと重なるところが多い。カウンセリングには，子どもの成長，個性・能力の開発，人間関係の進化・発展を促進する機能がある。カウンセリグ・マインドは子どもの成長を信頼し，子どもの能力を引き出し，育てる指導，自己指導を促すものである。

カウンセリング・マインド：
カウンセリング・マインドを大切にした保育者の基本的な態度として次の4点が挙げられる。
①子どもを人間として尊重する。
②子どもが主体である。
③子どもの気持ちを受容する。
④子どもとの信頼関係を大切にする。

❷ 指導計画，省察と記録

❶ 指導計画

指導計画とは，幼稚園や保育所での日々の保育が具体的に展開されるよう，「教育課程」や「全体的な計画」に基づいて作成される計画のことである。

指導計画には，子どもたちの生活や発達を長期にわたって見通しを立てる長期計画と，その計画をより具体的に子どもたちの日々の生活に即したものとして立てる短期計画とがある。

いずれの計画においても，幼稚園や保育所において，「養護」と，「教育」の両面が満たされるように作成されることが必要である。

長期計画・短期計画：
長期計画には年間計画，期間計画と月間計画とが含まれ，短期計画には週間計画（週案）と日間計画（日案）とがある。

❷ 保育における省察と記録

保育者にとって，保育実践の第一の評価は，日々の保育の反省や省察である。それらはよい保育を行っていくためには必要不可欠のことである。

省察：
これまでわが国では，省察の焦点は，子どもの人間関係や内面性に偏りがちであった。しかし，最近では子どもの認識や想像力，創造性など知的な側面の学びについての省察が求められるようになってきた。

❸ 保育記録と省察

省察を行うためには日々の保育の記録が欠かせない。記録をすることは自分を対象化して，客観的に振り返るという意味で大切な作業である。また，文字にしておくと，時間を経てから振り返る時にも，その日の子どもたちの姿を思い出すことができる。

❸ 自己評価・第三者評価

省察をより深いものにし，新たな保育のありようを構想する時には，優れた保育者の実践やそれを支える保育理念について知り，それを自分の保育に取り入れていくことが大切である。他の人の保育を知るだけでなく，自分の実践を他の人に見てもらい，他の人の感想を聞くことも重要である。自分では気付かないことを指摘してもらえたりもする。他者の意見を参考に自分の考え方を再構築する機会が必要である

保護者や園外の人たちに対するアカウンタビリティ（説明責任）を果たすために，海外では子どもの学びの評価を子どもや保護者と共有している。わが国でも最近，保育所では第三者評価が行われるようになり，幼稚園でも自己点検・自己評価を行い公表することが求められるようになってきた。

> **第三者評価：**
> こうした評価は園での保育実践の質を保護者，地域，納税者に説明するためのアカウンタビリティを果たすための評価として捉えることができる。

❸ 子どもに対する評価

子どもに対する評価には，比べる評価と比べない評価がある。

> **評価：**
> 評価ということばは日常的には良し悪しの評定という意味で用いられることが多いが，「子どもに対する評価」は，子どもが何故そのような行動をしたのかということを理解するところまでを含む。それは一般には「子ども理解」といわれるものである。

❶ 比べる評価

❶ 他の子どもと比べる（相対評価）

相対評価とは，他の子どもたちと比べて絵が上手だとか，動作がゆっくりであるとかという評価である。しかし，そのような評価をしても，そのことが次の保育に生かされるとは限らない。そして，子ども同士を比べている限り，自己の保育実践を見直すことにはつながらない。

❷ 到達基準と比べる（到達度評価）

到達度評価とは，ある到達基準を設け，そこに達しているかどうかで評価をする方法である。しかし，幼児教育では，このような到達基準を決める評価はなじまない。一人ひとりの子どもの到達目標は異なるからである。一人ひとりの子どもに最適の目標が設定されるべきである。

❸ その子自身と比べる（個人内評価）

個人内評価とは，一人ひとりの子どもの発達の評価である。すなわち，一人ひとりの子どもが以前と今とではどのように異なるかを問題にする方法である。時間軸上で一人の子どもの変化を見ることであるが，このことにより，次の保育への手がかりがつかめることも多い。

この場合，変化のあることについても，変化のないことについても内容と方法を吟味し因果関係を明らかにすることが大切である。

個人内評価には，その子どもが一人で何かをしている時の姿と，保育者や子どもたちと一緒にしている時の姿を比較することも含まれる。これは，ヴィゴツキーのいう「発達の最近接領域」である。

発達の最近接領域：
第1章／❸環境との相互作用／発達の最近接領域の教育（p.31）参照

保育実践の評価：
幼稚園や保育所には子どもが何をどこまで学んだかを評価するためのテストはないが，子ども一人ひとりの育ちを保障するためには評価は不可欠である。

❷　比べない評価（絶対評価）

子どもを評価する場合も保育実践を評価する場合も，評価をする時は，誰かとあるいは何かと比べて評価をすることが多い。

しかし，子どもの評価の目的は，その子ども自身を見つめ，その子どもの発達を保障することにある。その子どもがその日，何を見，何をし，何を考え，何を表現したのか。保育者が問題だと考えている行動を，その子どもがせざるを得なかったのはどうしてなのか。それらをその子どもの立場に立って共感的に理解することが大切である。「比べる評価」ではその目的を達成することはできない。

学習は本来，ほかならぬ学習する本人のものである。したがって，評価も，ほかならぬ学習する本人のためのものであるはずである。評価は，どこをどうすればもっと成長できるかを知るための，あるいは保育者が何をどのように援助すればその子どもの成長につながるかを知るための手がかりとして必要な，保育者の学習過程の一部でもある。保育の専門家として，日々，一人ひとりの子どもをどのように評価することが必要であろうか。

❹　評価の方法

❶　観察法

評価方法としても最も基本的な方法は観察法である。乳幼児の行動やその変容の過程を観察し，記録する。その際には，記録の精度を高めるため，記録の対象をはっきり定め，観察項目をリストアップしておくことも大切である。

❶ 観察記録の方法

観察記録をとる目的，活用方法を明確にし，一定の記録用紙を用いる，あるいは図などを用いて分かりやすく記録することが大切である。

❷ タイムサンプリング法など

時間や観察する子どもを決めて観察をする，あるいは観察したい行動がよく現われる場面を選んで観察，記録する方法である。

❸ チェックリスト法

チェックしたい項目を一覧表にしておき，あてはまるところに印をつけるという方法である。限定した項目について短時間で記録するとき，問題があると感じた子どもについて観察記録をとりやすくする補助手段として

有効な方法である。

❷　逸話記録法

行動記録法ともいう。印象に残ったこと，思い出したこと，気になっていることなどを記録し，その子どもの理解につとめる方法である。

❸　評定法

行動観察の内容，結果の処理法などあらかじめ準備しておいたもので評価する方法である。評定尺度法とは，評価項目についてあらかじめ段階的に尺度をつくっておき，あてはまるところにチェックを入れるというもので，序列法とも順位法とも呼ばれる。子どもの作品を集団の中で順序をつけて評価をしようという時などに用いる。正確さを期する場合には一対比較法を用いる。

一対比較法：
対にする２個の組み合わせをつくり，どちらがよいかを判断する。さらに，次の一対をつくって比較し，この方法を繰り返し，全体の順序を決めていく方法である。

❹　心理検査法

日常の状態を言語的に説明することが困難な子どもには，その問題を正確に客観的に把握するために心理検査法を用いることが多い。行動観察や保護者からの情報だけでは判断できない重要な発達上の問題をとらえる必要があるからである。

標準化された検査法では，知能発達検査がよく利用され，それには乳幼児精神発達検査，ビネー式知能検査，ウェクスラー式知能検査（WISC，WPPSI）などがある。また，投影法としてCAT（TATの子ども版），ロールシャッハテスト，バウムテストやHTPなどの描画法などがある。

❷　子どもの発達を理解することとは

❶　生涯発達する人間

❶　まとまりをもった全体としての人間

生きているものの最大の特徴は自分で自分をつくることにある。それを自発的組織化という。人間も生きものであるので，自ら，自分をつくり，変化・発展する。発展には可塑性があり，変化しながらもまとまりをもった全体であり続ける。

可塑性：
変形し，変形をとどめる性質

（次頁）発達：
「発達」という用語は狭義か広義の，どちらかの意味で用いられている。狭義の「発達」は成熟とほぼ同じ意味である。「発達と学習」という用いられ方をするときの「発達」は狭義の発達である。それに対して，広義の「発達」は，「成熟＋学習」の意味で用いられる。「乳幼児期の発達の特性は体験を通して進むことにある」などという場合の「発達」は，広義の発達である。

人間の最大の特徴は，常にまとまりをもった一つの全体であり続けることであるが，これは大脳の統合機能による。人間は，時間の経過とともに細かく機能が分化しながらも，部分相互の有機的で複雑な関係により，常にまとまりをもち続け，全体が部分の総和以上の高次な働きを生み出す複雑なシステムである。

第1章 発達を捉える視点　13

2　生涯発達を続ける人間

受精以来，時間の経過とともに，心身が量的および質的に変化することを<u>発達</u>という。人間の発達は生涯続くものである。受精卵として出発し，生涯を終える時まで，人間は成熟と学習を続けるのである。

3　発達の順序性と方向性

発達には<u>順序性</u>と<u>方向性</u>（図1-1）（図1-2）がある。

図1-1にははいはいが可能になるまでの順序が示されている。また，図1-2には発達の方向性として⒜頭部から尾部への発達と⒝中心部から周辺部への発達が示されている。

脳は器であり，こころはその働きである。それらは，学習を担う装置であるが，からだの他の部分と同様に，比較的強固な発達の順序性や方向性をもつ。そして，脳（神経系）の発達の特徴である可塑性は，幼少期に大きい。

からだとこころにはいろいろな部分があるが，それらの発達の速さや時期は異なり，その時々の特徴的な変化・発展が続いていく。

図1-1
発達の順序性（はいはいの始まりまで）

① 新生児の姿勢　② 首が安定

③ 頭と肩の統制が可能　④ 上体を起こす

⑤ 骨盤と肩の統制の不調和　⑥ よろめきながら四つんばいが可能

⑦ はいはいが可能

4　こころとからだ

こころの働きを含めたさまざまな役割を担っているからだの各器官系統は，それぞれの役割をもった複雑なシステムであるが，各器官系統間にも密接な関係がある。

「こころ」と「からだ」については昔から<u>密接な関係</u>があるといわれてきた。神経系と内分泌系，内分泌系と免疫系の関係は以前から知られていたが，最近，神経系と免疫系の関係が明らかにされ，今日，神経系と内分泌系・免疫系は相互に影響を及ぼし合う関係であると理解されている。

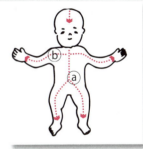

図1-2
発達の方向性

（⒜は頭部➡尾部方向への発達を示し，⒝は中心部➡周辺部方向への発達を示す。）

密接な関係：
不安を強く感じる時には胃腸の調子が悪くなったり不眠に陥ったりするなど。

5　人間発達と初期環境

人間の発達は生涯続くものであるが，どの時期も同じ重さをもつものではない。初期の発達と後期の発達とでは意味が異なり，初期の発達は重要性をもつ。

初期の発達を順調に進めるためには，環境の重要性は動かしがたい。1970年代はじめに<u>山梨県で発見された子どもたち</u>❸や，ルーマニアのシャウシェスク政権下で育った子どもたちなどの，愛情遮断性発育遅滞と呼ばれる

（前頁）山梨県で発見された子どもたち：
社会的隔離児と呼ばれている。

さまざまな問題：
生殖器官の奇形や生殖能力のみならず性行動や知能・学習能力への影響も懸念される

基本的信頼（basic trust）：
第2章／❷人間の発達過程／❶乳児期（p.49）参照

愛着（attachment）：
愛着という概念を生み出したのは，フランスの精神医学者ジャネー，P. である。Attachmentはフランス語のattacher(しっかり固定する)から生まれた単語で「子どもと特定の母性的人物（親・養育者）との間に形成される強い結びつき（絆）」のことをいう。
第2章／❸養育者との関わりと発達／❹愛着の発達（p.63）参照

心理社会的発育遅滞の報告からも，初期環境が子どもの発達に大きな影響を与えることが分かる。

さて，脳には前頭前野，感覚野，運動野などさまざまな分野がある。それぞれの分野が環境の影響を強く受ける時期はそれぞれ異なるが，初期の「不適切な養育（マルトリートメント）」という環境が脳を傷つけるという画像による研究❹も報告されている。

加えて，昨今，新たな脅威として出現した問題がいわゆる環境ホルモンの問題である。環境ホルモンによって発生のプロセスが撹乱されれば，これまで予想できなかったさまざまな問題が起こりうる。

2　乳幼児の発達の理解

乳幼児期には心身ともに目覚ましい発達をする。乳幼児の発達を理解するということは，どのようなことであるのか。

❶　大脳形成の土台は基本的信頼である

最近の大脳研究は人生最初の一年間における経験が神経細胞（ニューロン）のネットワークの基礎を築き，その後の理解力，創造力，適応力を生み出す原動力となっていることを示し，問題解決など分別ある思考の神経的な基礎はこの時期に確立されることを明らかにしてきた❺。そして，大脳形成の際に必要不可欠なものが赤ちゃんと母親の間の情緒的なつながりであり，それはエリクソンのいう「基本的信頼」である。

基本的信頼とは，母親（養育者）と乳児の，愛情－愛着関係の中で乳児のこころに育つ，母親に対する信頼感である。すなわち母親は信じるに足る存在であるという安心感である。基本的信頼が成立すると，乳児のこころは安定し，乳児は，母親を信頼し，自分のおかれた環境を信頼し，ひいては自分をも信頼することができるようになる。さらに，その信頼感は人間を信じる力になるのである。

❷　子どもは毎日変わる

子どもを理解する場合，何よりも大切なことは，子どもの心身は常に猛スピードで発達しているということを理解することである。すなわち，子どもは毎日目覚ましく変わる。多くの可能性を秘めているということである。

したがって，現在の子どもの姿だけを見てその子どものことを決めつけないようにすることが大切である。「今はできなくても，やがてできるようになる」「できるまで待とう」「見守ろう」という気持ちで，現在の子どもの姿を正しく把握することが必要である。その子どもの特徴，発達のはやいところ，遅いところを確実に掌握し，環境を調整することは，保護者や保育者の

任務でもある。

子どもの発達の状態を判断するための手がかりのひとつは，各年齢の**発達の基準**や特徴である。各年齢の発達の基準や特徴は，子どもの保育をする者にとって必要不可欠な知識である。

❸　一人ひとりの子どもには個性がある

子どもの発達や性格をみると，同じ年齢の子どもであっても身長の高い子ども，低い子ども，活発な子ども，おとなしい子どもなど，さまざまで，一人ひとりの子どもは異なっている。全く同じ子どもは，いない。それゆえに一人ひとりはかけがえがないのである。

これは，子どもが生まれつきもっている素質に加えて，子どもの生活する環境や親の養育態度など，さまざまな要因から起こってくるものである。これが発達の個人差である。子どもは一人ひとり個性をもっているのである。

子どもの保育をする者は，子どもは同年齢だからといってみな同じ発達の仕方をするのではないこと，発達の状態も異なるということを認識しておかなければならない。保育者にとって「子ども」とは自分の目の前にいる子どものことであり，「子ども一般」のことではない。

❹　こころにはいろいろな側面がある

子どものこころにはいろいろな側面がある。思考も情動も意志もこころの働きである。そして，場面や相手によって，こころの別の側面，異なった言動が引き出される。場面によって，相手によって引き出される子どもの行動や態度は異なるということを認識し，なるべく多くの場面での子どもの姿を把握しておくことが必要である。いろいろな場面の**子どもの姿**はすべて，その子どもの姿である。ある場面の特定の行動だけで「この子はこうだ」と決めつけても，その子どもを理解することにはならない。

大切なことは，よい関係性のなかで，よい側面を引き出すことである。そのためには，保育者は子どもにとって安心できる存在であること，大好きな存在であること，尊敬できる存在であることが必要である。子どもの感性は鋭い。保育者は，魅力的な人間になるべく自己研鑽をすることが必要である。

❺　子どもの気持ち

子どもたちを見ていると，あの子は絵本が好きだとか，外遊びをよくする，歌が上手など，外面的なことはよくわかる。しかし，子どもを理解するとは外面だけではなく，内面も理解することである。内面とは見えない子どものこころ，すなわち，**気持ち**や考えのことである。

子どもは自分の思いや考えを，ことばで正しく表現することはできない。

発達の基準： 発達の基準に達していないからダメな子どもと決めつけるのではなく，「基準に達していないのは何故か」「何故，遅れているのか」，その原因を見極めて，その子どもにあった指導をすることが大切である

子どもの姿： 家庭ではわがままで甘えん坊の子どもでも，幼稚園や保育所では，先生の話をよく聞く子どもがいる。反対に，母親の前では自己を抑制して行儀よくできても，幼稚園などでは，乱暴で自己抑制ができず，問題を起こす子どももいる。

気持ち： 感情のこと。

表情や行動，態度が子どもの表現の中心である。保育者は，子どもの表情や行動，態度を通して，子どもの気持ちを理解しなければならない。自分の気持ちが理解されると，子どもは前に進むことができる。理解されずに納得がいかないと，理解されるまで泣いたり，ぐずったりすることもある。また，話しても理解してもらえないと思うと，表現しない子どもになってしまう。

子どもは，場面によっては自分の気持ちとまったく反対の行動をしたり，反対のことばを発したりすることもある。子どもにも**防衛機制**が働いているのである。さらに，保育者にかまってもらいたくて，わざと，いけないことをする子どももいる。自分の本当の気持ちを素直に表すことができないのである。子どもにもそういう側面がある。

また，ほめられたいが故に，友だちのほめられた行為を真似る。そうしてほめられる経験をすると，行動基準をほめられることに見出し，大人の顔色を見る子どもになってしまう。ほめることの落とし穴である。叱ることは難しいが，ほめることも難しい。

子どもと関わる保育者のなすべきことは，子どもの言動を通して子どものこころを理解していくことである。子どものことば，行動，表情，声音を通して，子どもの気持ちや訴え，思い，考え，要求を知り，子どもの発達を把握することである。そして，素直に気持ちを表現できる子どもを育てて欲しいものである。

6　子どもはからだで考える

乳幼児の学びとそれ以降の学びとの大きな違いは，ことばよりも**体験から学ぶ**という点である。子どもというのは「言語主義から解放されており，わかるというのはからだでわかることであり，わからないというのは，からだが受けつけないことである。」[6]「からだでわかる」ということは，認識の背景には多様な「動き」が含まれているということである。

幼児はじっとしているのが苦手である。眠っている時以外は常にからだを動かしている。からだを動かして外の世界に働きかけると，世界は広がる。そして，それは幼児にとっては大きな喜びである。

幼児の感性は鋭い。幼児は大人が考えている以上に多くのことを感じている。言葉では表現できなくても，からだで世界を生き生きと認識しているのである。

ピアジェが2歳までの幼児の思考を「感覚運動的段階」といっているように，思考は，からだで感じ（感覚），からだを動かす（運動）ところから始まるのである。幼児にとって，自己意識や自分という感覚は「からだ」を離れてはあり得ない。

幼児期はことばによる思考が十分に発達していないため，頭の中でものご

防衛機制：
(defense mechanism) フロイトが明らかにした精神分析学の概念の一つで，心理的な安定を保つための無意識的な自我の働きである。
Uくんは2歳8か月の時，叱られる雰囲気を察し「お母さん好き」と言った。母親からは「そんなことを言ってごまかしてもだめよ」とたしなめられたが，2歳児でも，叱られることを避けようと自己防衛をするのである。
表1-2（p.29）参照

体験から学ぶ：
環境を通して教育するという方法の背景には，このような意欲的・自発的活動の主体としての子ども観，環境と直接的・具体的に関わることを通して発達するという発達観がある。

とを表象して考えることは難しい。幼児はからだを使い、いろいろなものと実際に関わってやってみることを通して考える。子どもはからだで考えるのである。

7　子どものこころとからだ

乳幼児の心身の関係は密接である。乳幼児は嬉しい時にはからだを躍らせて満面の笑みで、声をたてて笑い、反対に悲しい時、悔しい時には、全身を震わせて泣く。不安のある時には、腹痛や頭痛を起こしたり、元気をなくしたりする。また、大きいということを、両手を大きく広げ、部屋の端から端まで走って表現したりもする。これは、大脳が未分化であるためと考えられている。

不安や怒りがあるとからだの調子が悪くなる。逆に楽しいことや嬉しいことがあり、こころがウキウキすると、身も軽くなる。長生きをしている人は明るく前向きの人が多いが、ここには、心身の関係が反映されている。

不安：
第 3 章／事例 1
(p.115)、事例 2 (p.118)
参照

8　子どもは人とともに育つ

人間の赤ちゃんは未来に向かって限りなく開かれた「反応する力」「応答する力」をもって生まれてくる❼。そして、さまざまな環境との相互作用により発達する。特に重要なのは人との関わりである。愛情豊かで思慮深い大人による保護や世話を通して、大人との相互関係を築き、それを土台にして他の子どもとの関わりを深める。そして、人への信頼感と思いやり、自己の主体性を形成する。

乳児の発達課題は基本的信頼の獲得である。乳児は母親（養育者）との愛情－愛着関係により基本的信頼を育てる。一方、母親の発達課題は生殖性である。生殖性とは相手の求めるように世話をし、育てるということである。母親にとっては子どもを育てることが、発達課題なのである。これはすなわち、乳児は母親に育てられているが、実は、母親も乳児に育てられているということである。人間はこのように、相互に育ち合っているのである。相互性（人とのつながり）の中で生きているのである。保育者の言動の影響は大変大きい。保育者との関係性は特に重要である。

生殖性（generativity）：
表 1 － 1 (p.20) 参照

相互性：
第 1 章／3 生涯発達と発達援助／5 相互性 (p.21) 参照

9　子どもは「今」を生きている

子どもの一刻一刻の発達はやり直しのきかないものであるという事実も受け止めなくてはならない。子どもは瞬間瞬間にさまざまな感覚を総動員して、環境に働きかけ、自分の世界を創りあげている。子どもは「今」を生きているのである。

「今」が楽しい子どもは、明日が待ち遠しい❽。その日を十分に自己発揮

して過ごし，満足している子ども，愛されているという安心感のある子ども
の頭の中には明日のことしかない。子どもは昨日のことなど振り返らないの
である。子どもは遊びを中心とした生活の中で，自ら発達に必要なものを獲
得しようとする意欲や態度に満ち満ちている。

❿　上手になりたい子ども

　乳児でも好奇心のあることについては自ら意欲的に働きかけ，随意筋が満
足するまで繰り返す。「見て，理解し，理解したことを確かめ納得する。こ
れが子どもの学びの構造である」❾。1歳になると自分のことは自分でしたい。
幼児後期になると自分でできるようになりたい。子どもは自分と同じような
子どもに関心をもち，仲間や年上の子どもを観察し模倣する。仲間集団は「発
達の最近接領域」である（ヴィゴツキー）。

　3歳過ぎになると上手にできれば喜びを感じ，失敗すれば不快を感じるよ
うになる，挑戦して成功すれば，子どもは自信を得て，挑戦をし続ける。し
かし，失敗しても，挑戦したことを認めてもらった子どもは，失敗したとき
の恥ずかしさや悔しさ，劣等感を乗り超え，挑戦をする子どもになる。

　なぜ失敗したかを見つけることができれば，それは貴重な学習となる。こ
うしたことを繰り返す過程で，思考力，判断力，自己統制力が身につく。「新
しいことをするのが楽しい」「できるようになる自分が好きだ」と，自分の
力を発揮すること（自己実現）の気持ちよさを感じ，自分でやってみること
が意味のあることだということが分かるようになる。小さなことでも，自分
で解決すると自信がつき「やればできる」「もっと上手にやってみよう」と
いう向上心がでてくる。

　子どもが自分自身で考え工夫したときには，大人は見逃さずに承認し，ほ
めることが大切である。が，それは大人のさせたいことを先回りしてさせる
ことではない。

❸　発達理解の実際

❶　子どもの観察方法

　保育の現場で子どもを観察する場合に必要なことは，子どものありのまま
の姿をとらえることである。これは自然観察法と呼ばれるものである。大切
なことは，子どもの姿を保育者が自分の目で見て，把握することである。

　子どものいろいろな行動を見ていると，友だちとの関わり方や保護者との
関係など，子どものことがいろいろと分かってくる。子どもの会話や表情か
ら子どもの性格や気持ちを理解することもできるようになる。普段と異なっ
た様子が見られる時には，丁寧に対応をすることも大切である。

**1歳になると自分のこと
は自分でしたい：**
小学校に入学した子ども
が「自分のことができな
い」「自分でしない」と
嘆く母親が多いが，そ
の原因は，「自分でした
い！」という強い願望を
もっていた幼児前期にし
たかったことを子どもにさせ
なかったことにある。

**大人のさせたいことを先
回りしてさせることでは
ない：**
ベネッセ教育研究所によ
れば，日本の小学生は学
業成績がよいにもかかわ
らず，自信がない，有能
感がもてないという現実
がある。子どもの学習へ
の動機づけが内発的では
なく，親への配慮という
外発的なものであるから
だと考えられている。

自然観察法：
ものごとが見えるという
ことはどういうことだろ
うか。ものごとは単にそ
こにあるだけでは見えな
い。その対象に名前がつ
けられたり，意味が分
かったりすることで，特
徴をもって周囲から際
立って浮き上がり，周囲
からそのものごとが区別
されて見えるようにな
る。子どもが見えるとい
うことも同様である。
ミュラー・リヤーの図を
見ると人間の目の不確か
さが分かる（図1－3）。
自分の目の前の子どもが
正しく見えるためには何
が必要か。
第1章／❶保育実践の評
価と心理学／❷保育実践
の評価（p.8）参照

2　縦断法と横断法

子どもの発達理解のために用いられる方法に，縦断法と横断法がある。

縦断法とは，追跡研究法または逐年研究法ともいわれる研究法である。これは，一人ひとりの子どもについて研究したい側面を，長年にわたって追跡し，その変化をとらえようとする方法である

横断法とは，一度に多数の資料を集めて，それを統計的に分析する研究法である。そして，現在の子どもたちの理解をするのに役だてる方法である。例えば，乳幼児身体発育曲線（図２－６，p.78）は，横断法によって作成されたものである。

3　事例研究法

一人の子どもをいろいろな角度から深く理解するために用いられる方法が「事例研究法」である。これは，その子どもの抱えている問題に関係するあらゆる資料を集めて，それらの資料を分析して問題を解決していく方法である。

保育者が日常の保育の中で，子どもの問題の解決にあたる時には，この方法でさまざまな資料を集めて，子どもを理解することが求められる。また，目の前の状況だけでは理解できない時には，子どもの背景を知ることにより，より深く子どもをとらえることができるようになる。

3　生涯発達と発達援助

1　人生周期（ライフサイクル）と漸成

人生周期とは，誕生から死に至るまでの人間の一生を連続してとらえる構想である。フロイトに始まる精神分析学的発達心理学が，乳幼児期に焦点をあてた理論であるのに対し，エリクソンの人生周期という構想は，生まれてからその生涯を終わるまでの一回りの期間を連続してとらえている❿。

1　発達段階と漸成

エリクソンは人間の生涯を８つの階層（段階）に区分し，それらの階層間には「漸成」の過程が成立するという。これがエリクソンの理論の，第１番目の特徴である。表１－１はその「漸成的図式」の概要である。

漸成とは，階層間は順序をとばすことなく，前の階層を土台として次の階層が成立するという意味である。

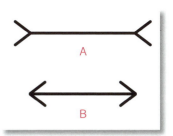

図１－３
ミュラー・リヤーの錯視
（ＡとＢは直線部分は同じ長さであるが，同じには見えない。）

縦断法（longitudial method）：
例えば，入園時からの子どもの絵や作品をとっておいて，一人ひとりの子どもの形のとらえ方，描き方，対象の選び方，色使いなどが，どのように変わっていったかを分析する方法である。

横断法（cross-sectional method）：
クラスで自由に絵を描いた時に，何を主題にして描いたかなどを，男女で比べるとどうか，同年齢の他のクラスと比べるとどうか，年齢の異なるクラスと比べるとどうかというように分析する方法である。

事例研究法（method of case-study）：
例えば乱暴な子どもなどについて，①どんな時に乱暴をするか，どの程度の乱暴をするか，相手によって異なるのか，をその子どもを観察しながら見極め，②友達の話を聞くなど，園で集められるだけの資料を集める，その上で，③家庭ではどうか，それまでの生育歴を聞く，そして，④原因を見つけていくような方法である。

子どもの背景：
家庭の状況，子どもの生い立ち，生育歴など。

表1−1
漸成的図式

	階　層	年　齢	発達課題と危機	人格的活力
1	乳児期	0〜1	基本的信頼 − 不　　信	希　望
2	幼児前期	1〜3	自律性 − 羞恥・疑惑	意　志
3	幼児後期	3〜6	自発性 − 罪　悪　感	目　的
4	児童期	6〜12	勤勉性 − 劣　等　感	有能感
5	青年期	12〜20	自我同一性 − 同一性拡散	忠　誠
6	成人前期	20〜30	親密性 − 孤　　独	愛
7	成人中期	30〜65	生殖性 − 停　　滞	世　話
8	成人後期	65〜	自我の統合性 − 絶　　望	知　恵

（前頁）誕生：
人間の一生の出発点を誕生ではなく、受精とする考え方もある。エリクソンの考え方は前者、この章では、後者の考え方に立っている。

（前頁）漸成
(epigenesis)：
〜の上に生成するという意味。

（前頁）漸成的図式
(epigenetic diagram)：
人間の生涯発達がまとめられている。

（前頁）階層：
以下、階層を段階と表す。

発達課題(developmental task)：
ハヴィガーストにならったものであるが、エリクソンの理論の、2つ目の特徴である。

危機：
特定の要素が特定の段階において最も優勢になるということは、同時に危機をはらむことになる。それは、特定の要素を獲得すべき最適時があるからである。

人格的活力（virtue）：
美徳・善・徳目（忠孝・仁義など道徳の細目）のこと。原義は男（vir）らしさ（tue）。「人間としての強さ」とも訳されている。

自我の強さ：
「自我の強さ」が精神分析学の用語で、精神分析学の考え方を基盤にしているのに対し、「人格的活力」は価値的・意味的世界を引き入れるものである。

順次に形成：
漸成のことである。希望→意志→目的……という順番が変わることはない。

❷　発達課題と危機

発達課題とは、特定の発達段階にはその発達段階として特有の内容をもった課題があるという仮説のもとに設定された概念である。

エリクソンは人間の生涯を「自我の統合」に到達することを最終目標に発達し続ける過程としてとらえている。一人ひとりの人間は、生涯のそれぞれの段階において、発達課題とその危機とに直面し、それを解決していく。人間の生涯は「学ぶ」営みから切り離せないものであり、発達課題とは一人ひとりが健康なパーソナリテイを形成するために学ばなければならない課題である。この課題には、精神的健康を構成する8つの要素が含まれている。

❸　人格的活力

人格的活力とは、われわれがもっている「われわれを生かし、活動を意味づけ、生き生きとさせる内的な力、若さのようなもの」で、「自我の強さ」と密接な関連をもつものである。これはエリクソンの理論の3つ目の特徴である。

人格的活力としての希望・意志・目的・有能感・忠誠・愛・世話・知恵は各段階での葛藤が解決されていく時、順次に形成される。これら8つの活力は人間が社会の中で他の人たちとよりよく生きていくために必要な最良の倫理を意味するものである。すなわち、人格的活力とは人間が一生を通じて人格形成をする際に、中核的役割を果たす力である。同時に人間を歴史過程に位置づける力でもある。

❹　同　一　性

エリクソン理論の4つ目の特徴は人間の生涯を「同一」と「連続」という2つの軸によってとらえた点である。

「同一」とは「自我同一性」というエリクソン理論の中心的概念である。自我同一性とは、一人ひとりの自分を内的に支え、統合する役目を果たす自

分を言い表す概念で，自分が自分であるという自信のことであるともいえる。その自信は自然や社会や他者との相互的な関わりの中で，生涯を通じて確かめられるのである。

一人ひとりの人間は，それぞれの段階で発達課題と危機に直面し，それを解決し，発達課題を達成していく。そして，それぞれの段階において生じる心理学的過程には連続性がある。

5　相　互　性

エリクソン理論の5つ目の特徴は「相互性」である。これは世代間の交流のことである。交流を通して互いがそれぞれの発達課題を達成する。

「同一性」の「連続」という特徴は個人内で起こる問題であるのに対し，世代間の交流は個人間で起こる。

人間は，誕生後の発達の過程で，それぞれの段階で解決すべき課題と取り組み，自我の統合に到達することを目標に発達し続ける存在である。が，その発達課題は相互性の中で達成される。パーソナリティは相互性の中で漸成されるのである。

2　発　達　援　助

1　初期経験と後期経験

人間の生涯続く発達にとって初期経験はどのような意味をもつのか。

初期経験とは人生初期の経験のことである。発達初期における経験は，後期経験とは異なり，脳の発達との関係が深い。一定の時期（臨界期）を逃がすと，その学習は不可能になるという特徴をもつものである。刻印づけも初期経験によるものであるが，その効果は永続的であり，いったん成立した学習は取り消すことのできない特徴（非可逆性）をもっている。

胎児の胎内での経験も，初期経験と考えられる。初期経験は後期発達の前提であり，土台でもある。人生初期の経験は，それ以後のものとは質的に異なる意味をもち，その後の発達に決定的な影響を与えるのである。

2　発達課題の達成

乳幼児期の発達課題と危機は，表1－1（p. 20）にあるように，乳児期（基本的信頼と不信），幼児前期（自律性と羞恥・疑惑），幼児後期（自発性と罪悪感）である。発達課題は漸成の原理に従うため，乳児期に基本的信頼が形成されることがなければ，幼児前期の自律性は成立し得ない。自律性の確立がなければ，幼児後期の自発性の発揮も見られないことになる。そして，乳幼児期にこれらの課題が達成されなければ，児童期の勤勉性は達成されない。言うなれば，乳幼児期は人間の一生の土台となる非常に重要な時期である。

（前頁）自我同一性（ego identity）：identity は，日本語には存在しない概念なので，そのままアイデンティティと用いられることが多い。英語では身元・素性・正体などを表す日常語である。

連続性：例えば，分離についていえば，幼児は母親と直接肌で感じとれるような分離体験をする。児童はことばのレベルで分離をとらえることができる。青年は家族からの自立という分離を体験し，自分でも新しい家庭を築き，子どもを産み育てる。成人中期になると自分の子どもとの分離体験をする。

相互性（mutuality）：乳児は，母親から世話を受けることにより，乳児期の発達課題である基本的信頼を獲得する。一方，母親は，乳児の世話をすることで成人中期の発達課題である「生殖性」（generativity）を達成している。すなわち，母親は赤ちゃんを育て，赤ちゃんは母親を育てているのである。

個人内・個人間：前者は一人の人間が自分にとっての1回限りの生涯を自分自身の責任で受容していく過程である。後者は，一人の人間が人生周期において他者と出会う過程である。個人の生涯はそれぞれの段階において，異なる段階にいる他者と出会い，他者と共同作業をすることである。この交流を通して世代間の交流と文化の継承が行われるのである。

初期経験（early experience）：「初期」ということばは，発達の速い動物においては生後の数日あるいは数週間を指すのがふつうであるが，発達の遅い動物（人間も含む）においては，生後数か月間あるいは数年間を指すこともある。

（前頁）**脳の発達**：
軸策の髄消化で，信号伝達速度がより速くより確実になること，シナプスの過剰生成と刈り込みが進み，環境の多大な影響を受けることなど。（図2−8参照）

（前頁）**刻印づけ**：
「インプリンテイング」「刷り込み」ともいう。生涯の初期にあるものに対する決定的な印象づけが劇的な形で行われる現象をいう。オーストリアの動物生態学者ローレンツ ,C. が孵化直後の水鳥の観察時に見つけた現象。

　保育に関わる者にとっては，乳幼児期の子どもの姿一つ一つがその後の成長，発達に大変重要な意味をもっていることを認識することが必要である。

　発達課題はそれぞれの発達段階において達成されなければならない。各段階での発達課題を果たすことは教育目標であり，個人が幸福な人生を送るための条件でもある。特に乳幼児期の発達は一生の土台となるものである。

　最も大切な発達援助は，それぞれの発達段階で発達課題の達成を怠らないことである。乳幼児期の発達課題が達成されていない場合は，問題のある段階に戻って達成をはかることである。例えば，幼児後期の子どもに基本的信頼という乳児期の課題が達成されていなかった場合には，乳児期の課題を達成させることから再出発することが必要になる。

　また，発達の最近接領域の教育は，それ自体が発達援助である。保育者のことばがけ，働きかけは「発達の最近接領域」を考えてなされることが望ましい。さらに遊びが発達の最近接領域をつくることも忘れてはならない。

❸　家庭・地域社会・小学校との協働

　幼稚園や保育所が家庭や地域，小学校と互いの立場を尊重しながら協働することは子どもの発達援助としては大きな力となる。

　指導計画を作成する際，また，保育を実施する際には幼児の生活の場でもある家庭や地域を視野に入れて充実したものとすることが望ましい。例えば，保護者や地域の人が園での子どもの保育を参観したり，保育に参加したりする機会を設ける。また，保護者や地域の人の協力を得て，近隣の自然で生活体験をさせて子どもに自立心を育てる。地域で小学生から高齢者までさまざまな年齢の人たちが交流できる機会を設け人と関わる力を育てるなどである。

　コール ,M. はヴィゴツキーの影響を受けたアメリカの心理学者であるが，多くの比較文化的研究を通して，われわれの知的発達は，文化社会的文脈のなかで形づくられることを示した。彼女は，「多くの文化で子どもたちは大人たちの文化社会的活動に積極的に参加しているが，大人たちも子どもたちのそのような活動をさまざまな活動で援助している。それは，日常的な活動のなかでの発達の最近接領域となり，子どもたちはそこでのさまざまな経験を通して，それぞれの文化に特有な知的過程や行動パターンを発達させるのである」という[11]。

　幼稚園や保育所の子どもと小学校の子どもの発達は連続している。したがって，幼稚園や保育所から小学校への移行を円滑にするための支援や交流を，園と小学校が連携して行うことなどが必要である。園と小学校の総合的な指導の流れをつくり，小学校と合同の研究会，参観や幼児と児童が行事などで交流，日常的に遊びや生活をともにして，幼児の小学校生活への期待を育てるなどである。

2 子どもの発達と環境

子どもは，環境の中でさまざまなことを体験して学ぶ。子どもを取り巻く環境に主体的に関わることにより，心身の発達が促進される。

1 子どもと環境

1 環境の中で

子どもは環境の中で，さまざまなことを学習する。いろいろなことを見たり，聞いたり，感じたりする。これらは「知覚」（認知）である。多種多様の刺激を，感覚器官を通して外部から取り入れる（input）。そうして，取り入れた刺激などをもとに「思考」をし，考えたことや感じたことは外部に向けて言動で発信する（output）が，それが「表現」である。すなわち，子どもの環境世界（図1−4）は知覚世界と表現世界である[12]。

幼児教育の目標は，心身ともに健康な子どもの育成であるが，健康な子どもとは，「知覚」，「思考」，「表現」のよい循環ができている子どもである。

表現には，身体的表現，言語的表現，音楽的表現，造形的表現，感情表現などが含まれる（図1−5）。表現とは考えたことや感じたことをことばやからだで表すことである。今までできなかったことが表現できるようになることは「発達」にほかならない。

2 エコロジカルシステム

幼児は生活に密着した環境の中で興味をもったことを，体験を通して身に付ける。環境には自然環境，社会環境，物理的環境，人的環境，言語環境が含まれている。幼児はこうしたさまざまな環境の影響を受けて，生きている（図1−6）。

ブロンフェンブレーナー,U. は，子どもの発達は，子どもと子どもを取り巻く周囲の環境との相互作用であることを主張した。彼は子どもを取り巻く周囲の環境をエコロジカル（生態学的）システムととらえ，環境をマイクロシステム，メゾシステム，エクソシステム，マクロシステムの4つの水準からなると考え，構造化している。これらは入れ子型の構造になっている（図1−7）[13]。

❶マイクロシステムとは，子どもを取り巻く最小単位の世界における人間

学習：
心理学では，経験により，行動が比較的永続的に変容することを学習という。体験とは直接的な経験のことである

図1−4
子どもの環境世界

（ユクスキュール J. 1973 を改変）

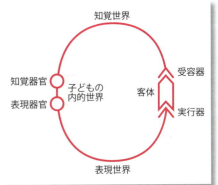

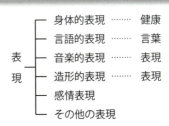

図1−5
さまざまな表現と領域

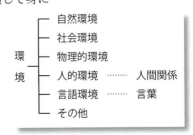

図1−6
さまざまな環境と領域

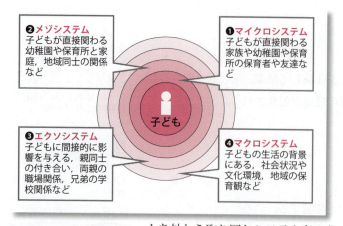

図1-7
子どもを取り巻くエコロジカルシステム

（ブロンフェンブレーナー,U. 1979を改変）

ESD（Education for Sustainable Development）：持続可能な社会づくりの担い手を育む教育のことである。

関係で，子どもが直接関わる両親や兄弟，幼稚園や保育所の保育者や友だちなど，個人をとりまく直接的な関係をさす。❷メゾシステムとは子どもが参加する2つ以上のマイクロシステム相互間の関係をさす。例えば，子どもが直接関わる幼稚園や保育所と家庭，地域同士の関係などである。また，❸エクソシステムはマスメディアのようにマイクロシステムやメゾシステムを外から取り囲むシステムをいう。子どもに間接的に影響を与える親同士の付き合い，両親の職場関係，兄弟の学校関係もエクソ・システムである。❹マクロシステムは子どもの生活の背景にある社会状況や文化環境，地域の保育に関する考え方，社会の習慣などのイデオロギーに関するシステムなどをさす。これら4つのシステムが入れ子型に包含して，子どもに影響を与えることが予想できる。

そして，同じ環境であっても，子どもの発達の段階や子どもの特性によって，その影響のしかたは異なる。

3　子どもにとっての環境問題

戦後70年間で，子どもを取り巻く環境は大きく変化した。環境問題は身近な環境から地球環境までさまざまで，枚挙に暇がない。例えば，国連「ESD（持続可能な開発のための教育）の10年」が提起するように，われわれの生きている地球がいつまでも持続発展するように，持続可能な社会の構築を目指して，保育においても何を大切にすべきかを，真剣に考える時がきたといえると考える❶。

地球温暖化の問題は人類の「エネルギー資源」の活用のあり方の問題で，池内は次のように書いている。「地球という存在を客観的に見据え，その存続の意義を宇宙的な視野でとらえ直すことである。若者たちは時代の変わり目を生きなければならない。従って，彼らにこそ困難な時代を生き抜くための幅広い視野と未来を見直す力を涵養することが求められている。それが，教育の根幹であるべきであろう。」「先人が獲得した知を体得しつつ，未来を健全に生きるための新たな知を発見することが求められる❶」

が，子どものおかれた環境を見ていると，環境，とりわけ，自然体験，異年齢の多くの友だちとの遊び体験は減り，また，遊びの空間も変化した。子どもの遊び空間は自然スペース，オープンスペースと多様であった。それらは「道」によって繋がっていた。山，川，路地，公園，空き地，原っぱ，友

だちの家の庭などのスペースは安全な遊び道があり，繋がっていた。その接続していた道が奪われたことで，子どもは多様な遊び空間を失うのである[16]。

空間的な変化に加えてテレビというメディアの出現により，遊びは外遊びから内遊びに転換した。それが，運動能力，体力の低下を招く一因となっている。さらに友だち関係を築く機会だけでなく，集団遊びの方法を学ぶ機会すら失わせている。

その後のIT環境による変化は，体験に変わるものとして仮想体験（かそうたいけん）の増加をもたらした。このことは乳幼児期，児童期における仲間としての同年齢・異年齢集団の遊び体験の希薄化，子どもの遊び文化の伝承（でんしょう）の消失，身体感覚を伴う体験の欠落（けつらく）を生み出している。このことは遊び体験の少ない親世代，保育者世代の影響もあり，さらに深まっていく。

今，児童青年期の精神疾患は，外来の患者数は1992年から2002年で2倍に，2012年には10倍に増加しているという。不登校も2倍，肥満も2倍，若者のひきこもりは2017年で約70万人と報告されている。これは大問題である。現代の子どもの生きづらさが表れている。学習意欲の低下も問題になっている。

4　環境を通しての保育

環境を通しての保育とは，幼児が自ら興味や関心をもって環境に自発的に取り組み，試行錯誤（しこうさくご）しながら環境へのふさわしい関わり方を学習することを意図したものである。それは，その後の学習や生活のために必要な心情（しんじょう）や意欲，態度の基礎となるものである。

幼児期に育てるべきは，知的好奇心（ちてきこうきしん）や探究心（たんきゅうしん）をもって，自分から進んで環境と関わり，さまざまなことに気付き，理解し，多くのことを身に付けていくことである。

幼児は生活に密着した身近なさまざまな環境からの刺激を受け，自然の変化や不思議，生命の仕組みや大切さ，地域の仕組みや人々への関心，自分の気持ちや考え，文字や数量の意味や役割の理解など，さまざまなことに関する活動を展開する。幼児期に環境との関わりの中で経験したことは，小学校の国語，算数，理科，社会はもとより，さまざまな知的教育の基盤（きばん）となるのである。さらに，保護者や保育者，友達との関わりを通して，発達課題である自律性や自発性を育て，希望，意志，目的意識などの人格的活力を育てていく。

遊びは身体，社会性，感性，創造性，挑戦するこころも育む。社会情動的コンピテンスは遊びを通して育てられる。本物の多様な経験，自然とのふれあい，豊かな遊び空間，さまざまな人との交流，安全で健康で健全な生活，子ども文化などについて再考（さいこう）し，子どもが成長する過程で，困難に直面し，

精神疾患：
第1章／**5**環境としての母親・保育者／**3**不適切な養育（p.36）参照
★児童期に現れるもの
・心身症（反復性腹痛，心因性頻尿，遺尿，周期性嘔吐症）
・注意力障害
・衝動抑制力の未熟さ
・反抗挑戦性障害
・選択性緘黙　など
★青年期に現れるもの
・心身症（不定愁訴，起立性調節障害，過換気症候群，摂食障害，過敏性腸症候群）
・不安，抑うつ
・不登校，ひきこもり
・不眠
・強迫症状，自殺企図，リストカット　など

知的教育の基盤：
それは，小学校入学後に組織的な教育を受けるために必要なことである。

社会情動的コンピテンス：
第2章／**1**社会情動的発達／**1**社会情動的コンピテンス／スキル（p.46）参照

それを乗り超えるために，心とからだを自由に解放することのできる遊び環境が必要である。子どもを閉じこもらせない，追い詰めない空間や環境，子どもを解放する時間，空間，コミュニティ，生活方法などの生育環境を早急に整える必要がある。街も学校も家ももっと子どものこころやからだを解放できるつくり方に変えていかなければならない[16]。

2　子どもの欲求

1　基本的欲求

基本的欲求（basic need）

図1-8
マズローの欲求階層説とその発達過程
（Maslow 1962）

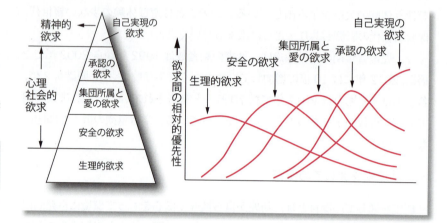

基本的欲求（図1-8）とは，人間ならば誰しもがもっている欲求である（マズロー, A.H.）。それは，大別すると，生理的欲求，心理社会的欲求，精神的欲求に3分され，それらは階層構造をなしている[17]。

生理的欲求には，食欲，睡眠欲，性的欲求などが含まれる。個体保存（生命維持）と種族保存に関わる欲求で，最も強い欲求である。心理社会的欲求は人間関係の中で満足される欲求である。それには，安全の欲求，集団所属と愛の欲求，承認の欲求が含まれ，それらも階層構造をなしている。そして心理社会的欲求が満足されると，自己実現の欲求などの精神的欲求が出てくる。

生理的欲求はからだの欲求である。お腹がすくと赤ちゃんは泣くが，生理的欲求を満たすことは命の保持に繋がる強い欲求である。それがある程度満足されると，こころを安定させたい，愛されたい，人と関わりたい，認められたい，などの欲求がでてくる。

マズローは基本的欲求の最も高次のレベルとして**自己実現**の欲求を指摘している。自己実現とは可能性を発揮することである。幼児は自分のしたいことをしたい，「自分で」「自分の方法で」したいという欲求に満ちあふれているが，これは自己実現の欲求である。

自己実現（Self-actualization）：自己実現という概念の最初の提唱者は，ゴールドシュタイン（Goldstein, K.）である。この概念は，脳損傷者の行動が，その残された能力を十分に発揮しようとする傾向を示している，ということを観察するところから導き出された。ゴールドシュタインの考えは「人間は自分自身を実現しようとし，また，環境に適応しようとする」とまとめられる。

2 自己実現の欲求と自己超越の欲求

マズローは晩年になって自己超越欲求を自己実現の上位概念として加えている。これは至高体験をともなうものである。至高体験とは無我の境地，自己を超えるある種の神秘体験ともいえるもので，この体験は人間にとって最も幸福な瞬間でもある。至高体験の特徴は「愛他性」にある。

愛他性とは人間を愛すべきものとして咎めず，思いやりをもち，共感し，喜んで受け入れることである。これは他人や社会と結びつきたいという欲求でもある。一人ひとりが自己実現し，他者とつながることは，結果としてよい社会に結びつく。人間はそのように自己を超越し，あることがら，また他者への愛によって自分自身を実現するのだとマズローはいう[18]。

『夜と霧』の著者フランクル,V.E. は，「人間は基本的に『意味への意志』によって貫かれている。意味への意志とは自分自身を超えようとすることである。」という[19]。そして彼は「人間は豊かな社会の中でより不幸になる。現代社会の欲求追求が実存的空虚さの無意味感の社会的背景になっている。それは人間の根本的欲求である意味欲求が顧みられないままであるからだ。」「人間は行動することで世界に働きかける存在。自己超越とは自分の自我を踏み超えること，自我の境界を超えること，自分を無視し忘れることである。人間は自分を顧みないことにより完全に自分自身であることができる。つまり，何かの仕事に専心する，ひとつの使命，ある一人の人間に献身することにより，完全に自分自身になる。」という。

縦割り活動[20]の中では，好んで年少児の世話をする幼児が見られる。また統合保育では自ら進んで「困っている人」の世話をする幼児もいる。この幼児達に見られるのは承認の欲求とは異なる，人の役に立ちたいという内発的な欲求である。自分の力を使うことでまわり（人・自然・社会）に役立つということが喜びとなっている。自分もよいし，まわりもよいということである。幼児にも自己超越的な欲求があるのである。

また，ワロン,H.[21]も記しているように，3歳頃になると，年下の者を気遣ったり，その成功をほめてやったり，かばってやったりするようになり，また，自分が誤りをおかしたとき，少なくともそれが，自分に理解しうるものである限り，その責任を認めるようになる。

子どもの遊びを見ていると，おもちゃの取り合いなどのいざこざは日常茶飯のことであるが，多くのブロックを用い，集中して創造活動をくりひろげ，目を見はるデザインを完成させるような活動[22]の中では，「子どもは友だちとけんかをしないだけでなく，仲間はずれが出ないようにする。」「子どもは，真摯に，どんなものでも生かして遊びの中に取り入れようとする。」「それは人間をとりまく宇宙と同じように，互いを生かし合う姿である。宇宙の本質

至 高 体 験（peak experience）:
無我夢中になって自分をうちこみ，自分へのこだわりを超越して新しい境地に達し，健康な恍惚感にひたる状態のことである。

実現:
奉仕や献身による自己超越を目指すことが重要で，自己実現という「結果」を目的としたところで自己実現は得られないといっている。

意味欲求:
自分の存在には意味があると思う欲求，人の役に立ちたいという欲求である。

統合保育（integration）:
障害児を健常児とともにほいくすることをいう。

も，人間の本質も，子どもの本質も同じである。子どもの本質にあったモノを与えることができれば，子どものもっている能力は自ずと引きだされるはずである。すべてに関係性があって無駄なものはひとつもない世界である。」（和久）

❸　欲求不満と欲求不満耐性

ところが，自分の欲求が満足されないと，友だちを叩く，言葉の話せない乳児の場合は友だちを嚙む，などの攻撃や，泣き叫ぶなどの暴発，空想や白昼夢などの逃避，赤ちゃん返り，すぐ泣くなどの退行，あることに執着するなどの固着行動が見られる場合もある。これらは強い欲求不満を感じた時に起こる非合理的な行動である。

欲求不満耐性の弱い子どもは，おもちゃを取り合いしておもちゃを取られたり，「何でも一番」でないと満足しない子どもが一番になれなかったりした時にそうした行動を起こす。

しかし，欲求不満耐性が強い子どもは，待って様子を見ること（待機），代わりのものごとで満足すること（代償），回り道（迂回）などの合理的な行動をすることができる。

欲求不満耐性は，ある年齢に達したから身につくことではない。幼い時から，親子の信頼関係の中で，我慢できる程度の欲求不満を体験させ，乗り超えることを積み重ねて身につけさせることが重要である。欲しいものは，いつも必ずしもすべて手に入るものではないことを体験させること，時には我慢することも大切だということを理解させること等を通して，欲求不満耐性を身につけさせる。欲求不満耐性はレジリエンスの高さとも関係が深い。

❹　防　衛　機　制

防衛機制とは，不安，不快，罪悪感などを引き起こすような情動や欲求を意識にのぼらないように，無意識化させてしまう自我の働きで，フロイト,S.によって明らかにされた精神分析学の概念の一つである。防衛機制は，外界への適応と欲求の充足との葛藤を解決し，外界に適応する過程で形成されるということから適応機制ともいう。

幼児にも，赤ちゃん返りという退行，保護者から嫌われたら困るのでいうことをきくという取り入れ，好きなのに「きらい」という反動形成等が見られる。（表１−２）

赤ちゃん返り：
小児精神科医からの報告である。9か月のＡちゃんは呼びかけてもあやしても誰とも目を合わせようとしない。それだけでなく，それまでできていたお座りが突然できなくなった。これは退行である。家庭環境は母親がうつ病で，母親とＡちゃんの世話をしている祖母は更年期障害で精神状態が不安定で，罵声や叱責が多かったとのことである。

欲 求 不 満 耐 性
(frustration-tolerance)：
我慢する力

レジリエンス
(resilience)：
第3章（p.108）参照

防 衛 機 制 (defense mechanism)

葛藤（conflict）：
第3章／（p.116）参照

取り入れ（introjection）：
他者の諸特性を自分のものにしようとする働き。子どもが親の要求を自分自身のものとみなして，その通りに振る舞う場合などに生じている。親の指示や忠告の取り入れによって“超自我”が形成されるなど健康な精神発達のうえで重要な役割を果たす一方，取り入れによって自他の区別があいまいになる場合もある。

抑　圧	不安を引き起こす欲求や観念を抑えて，意識にのぼらないようにすること
逃　避	適応困難な状態や，不安な状態から逃れようとすること ［例］病気への逃避，空想への逃避
合理化	欲求が充足されない場合，もっともらしい理由を見つけて自分の行動を正当化しようとすること ［例］イソップ物語の「すっぱい葡萄」（負けおしみ）
投　影 （投射）	自分の欠点や弱点を認めず，他人に転嫁すること ［例］自分は嘘つきだということに気づいてはいるが，認めたくない人が，他者の嘘に敏感になること
反動形成	性的欲求や攻撃欲求などが行動に現われるのを防ぐため，正反対の行動をすること ［例］欲しいのに「いらない」ということ
置き換え	ある対象に対する実現困難な欲求や感情を現実に充足可能なほかの対象に置き換えること
昇　華	攻撃的，性的な衝動を直接的に充足しないで，社会で認められる形に高めて表現すること
退　行	欲求満足が困難な事態に直面した時，過去の発達段階で成功した欲求満足の方法に逆戻りすること ［例］赤ちゃん返り，二度童

表1－2
防衛機制

抑圧（repression）
逃避（escape）
合理化（rationalization）
投影（projection）
反 動 形 成（reaction formation）
置き換え（displacement）
昇華（sublimation）
退行（regression）

3　環境との相互作用

　子どもはまわりとの関係の中で，自分を変えたりまわりを変えたりしてバランスをとりながら発達する。

1　社会化と個性化

1　社会化 － 自分を変えること

　社会化とは環境の条件に合うように自分を変えることである。人間は，生後，乳児期，幼児期，児童期，青年期，成人期で，社会に必要な行動様式を学習し，社会生活が可能になる。このように，学習して社会生活に適応していく過程が社会化である。

2　個性化 － まわりを変えること

　個性化とは，環境の条件を自分に合うように変えることである。人間が，環境に働きかけて環境を変化させ，自分にとって適応しやすいようにすることである。

　一人ひとりのパーソナリティは独自性をもち，かけがえのない存在である。すなわち，人間には生まれた時から個人差があり，それは時間が経過するにつれて，現実的，具体的になっていく。これを支えているのが個性化である。

3　社会化 － 個性化の時間的変化

　社会化－個性化の周期的発達段階という研究（図1－9）では，パー

バランス：
均衡。ピアジェは自分を変えることを「調節」，まわりを変えることを「同化」という。ピアジェは，「知能」とは調節と同化のバランスをとって環境に適応する能力だという。

社会化（socialization）：ピアジェのいう「調節」のこと。「郷に入っては郷に従え」というように人間が環境に折り合いをつけることをいう。

個性化（individuation）：ピアジェのいう「同化」のことである。

「社会化中心」の段階と「個性化中心」の段階というように図式化されている。右側の社会化のほうには1〜3歳のところに「基本的生活習慣」とあるが、これは食事、睡眠、排泄、着衣、清潔などの習慣のことで、発達課題である。6〜8歳には「学校適応」、青年期においては「男女適応」、「現実社会への適応」などとなっている。

それに対して左側の個性化のほうには、0〜1歳は「本能的生活」、3〜6歳は「親への反抗」である。親への反抗とは自己主張、個性を主張することである。8〜10歳の「個人生活」、「親からの離脱」というのも、判断力が備わってくるために、自分の力によって行動するという個性化を意味する。そうしてさらに「理想の追求」へと続く。

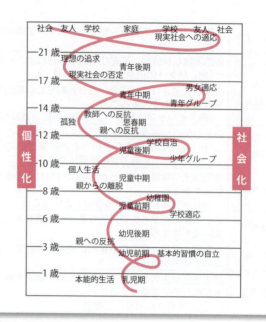

図1-9
社会化－個性化の周期的発達段階
（阪本一郎　1968）

ソナリティの適応過程を「時間」という点からとらえている。社会化が「顕在化」して、個性化が「潜在化」する段階と、社会化が「潜在化」して個性化が「顕在化」する段階とが、周期的に交互に繰り返される点が強調されている。

周期的発達段階というのは、「社会化」と「個性化」とが、規則的に一つおきに交互に現われ行動範囲が広がっていくからである。こうした過程をたどって人間形成は進むのであり、社会化と個性化は逆方向の機能でも人間が生きるためには双方を成立させることが必要であることが示されている。

4　社会化－個性化の場面的変化

現実の具体的場面では、社会化と個性化は「協力－競争」「模倣－創造」などとして現われる（図1-10）。

家庭、学校、社会のいずれにおいても、また、労働とか仕事や、余暇とか遊びにおいても「協力－競争」「模倣－創造」という場面が含まれる。パー

図1-10
社会化と個性化の現われかた
（小口忠彦　1992）

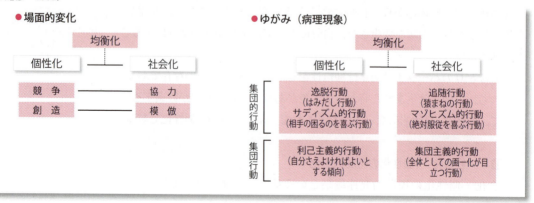

ソナリティの適応にとって避けることはできないのであり，場面的側面として，協力－競争の関わり合い，模倣－創造の関わり合いが問題になるのである。

この場合，社会化に対応するのは，協力，模倣であり，個性化に対応するのは，競争，創造である。協力，模倣では，周囲の条件に合わせて自分を変えようとするのに対し，競争，創造では周囲に働きかけ，周囲を変えようとする。

❺　適応と不適応

社会化と個性化は「逆方向」である。パーソナリティの適応という「全体」としての点では「１つ」の機能であるが，「部分」としては逆方向の「２つ」の機能である。つまり，パーソナリティの適応は，この社会化－個性化という逆方向の機能の関連のもとに成立する。

社会化－個性化という逆方向の，２つの機能の間には「均衡化の方向へ動く」という関係がある。バランスがとれているということは安定しているということである。社会化の方向への偏り，個性化の方向へ偏りという現象は「ゆがみ」ということになる。不適応を起こしている時の状態である[23]。

❷　敏感期・臨界期

臨界期とは，発達の過程で，ある刺激や経験が特に重要な影響を及ぼす時期で，その時期を逃すと同じ刺激や経験が何の影響も与えなくなる，そのような時期のことである。初期経験に関する研究によって指摘された。

フロイトの性格形成に関する理論においてみられる決定的な時期の考えは，発達段階がいわゆる臨界期的特性をもつ考えといえる。エリクソンの理論でも「心理社会的発達は危機的段階の解決によって前進する。「危機的」というのは，ある発達段階から次のそれへの転機の特質であり，前進か後退かを決定する瞬間の特質である」ことが指摘されている。発達課題は，発達段階という敏感期に達成されることが望ましく，その時期を逃すと達成が困難になるのである。

❸　発達の最近接領域の教育

子どもに新しいことを学習させるとき，どのくらい難しい課題を選ぶかということは保育者にとっては大きな課題である。現時点で，たやすくできることをさせても，子どもはやる気にならないであろう。また，難しすぎることをさせて，やる気を起こすこともできない。失敗経験によってやる気がなくなることもあるであろう。

ヴィゴツキー,L.S. は，個人の発達には自力で成し遂げられる発達レベル

逆方向：
「和して同ぜず」で，社会化だけでも個性化だけでも適応は成立しない。補い合うことを「相補性」（completementary）という。「相互補完性」ともいう。この社会化と個性化とは，このように「もちつ，もたれつ」の関係であり，また，「車の両輪」の関係である。

臨界期（critical period）

危機的（critical）

敏　感　期（sensitive period）

と援助されて達成できるレベルがあることを指摘し，両者の幅を「発達の最
近接領域」と呼んでいる❷。

　教育は一人ひとりの子どもの「発達の最近接領域」を意識して行わなくて
はならない。すなわち，援助があれば達成できる課題に取り組ませ，自力で
もできる水準に高めること，また全くできない課題についても援助があれば
できる水準にまで高めることを意図することである。

　子どもが問題を解く時に，子どもが自力で解くことができる水準（すいじゅん）と，大人
の援助を得（え）て解くことができる水準には差がある。この水準の差をヴィゴツ
キー，L.S. は「発達の最近接領域」と呼び，発達の最近接領域の教育は発達
を促進するという。子どもは発達の最近接領域で大人に導かれる経験を通し
て，次の水準へと自分の認識を発展させるのである。

　発達援助とはまさに，発達の最近接領域の教育である。保育者の言葉がけ，
働きかけは「発達の最近接領域」でなされることが望ましい。ヴィゴツキー
の考え方は，模倣や共同学習の教育的意義を重視するものである。子どもは
保育者やまわりの子どもたちの模倣（もほう）をし，やり方や考え方を見て学び，でき
ないことができるようになっていくのである。

　ヴィゴツキーは遊びについて，「遊びは発達の源泉（げんせん）であり，発達の最近接
領域をつくり出し，子どもを発達の高い水準に引き上げる」と述べている❷

> **援助：**
> ヴィゴツキーによれば，われわれの知的活動は外的な対象的活動が内面化したものである。それは自然発生するものでも経験によるものでもない。ピアジェがいうように子ども自身が自らつくりだすものでもない。それは大人の援助や教育に支えられながら進むのである。ヴィゴツキーは大人の援助や教育の役割を非常に重視した。

> **模倣：**
> 第2章／❶社会情動的発達／❼子どもの学び（p.75）参照
> 第2章／❸感覚・知覚と認知の発達／❸記憶の発達（p.90）参照

●コラム　遊びの機能

　遊びは，ビューラー,K. の述べているように機能的快楽（functional pleasure）をともなう活動です。子どもは楽しいから自発的に遊ぶのですが，その結果，表にあるように，さまざまな機能が発達し，多くの成果が得られるのです。

　また，子どもの自発的な働きかけに対して，環境からさまざまな反応が返ってきますが，これによって子どもは「自分でまわりを変えることができる」という自己効力感をいだくことができます。これは，自発性（積極性）の原動力になるのです。

身体発達	遊びは身体的発達に支えられて生じる。そして，遊ぶことで身体・運動機能はさらに発達する。
精神発達	遊ぶことで次のような精神的発達をする。 ①知性の発達 　比較，判断，類推，言語，想像力，創造力など ②感情の発達 　自由な感情表現，他者の感情の理解など ③自己意識の発達 　意志，羞恥，目的，有能感，自己評価，欲求不満耐性など ④社会性・道徳性の発達 　競争，協力，自己主張，自己抑制，譲り合い 　助け合い，連帯感，善悪，正義感，思いやりなど
治療的機能	抑圧されていた情動などを開放して精神的健康を回復できる。

第1章 発達を捉える視点　33

●コラム● 遊びの治療的機能

　子どもの欲求が満足されなかったり，葛藤が解決されないで行動ができなかったりするとさまざまなこころの問題が生じます。遊びはこうしたこころの問題（ゆがみ）を改善（軽減）する治療的機能をもっています。

水遊び	単純でもっともやさしい遊びで，乳児も好む。感覚的な快感をもたらし，欲求不満などによるストレスを解消する。
砂場遊び	全身で自分を表現することができる遊びで，子どもは大好きである。グループで山や川，トンネルを掘ってダイナミックに遊ぶこともでき，人間関係も育てる。
粘土遊び	粘土は扱いやすく，変形も容易にできるので，子どもに有能感や自信を高め，積極性を育てる。粘土遊びで，たたく，ちぎる，という作業は罪悪感を感じることなく，攻撃性を表現することもできる。
指絵遊び（フィンガー・ペインティング）	子どもは指で好きな色を使い，好きなものを描き，自分の欲求や感情や考えを表現し，視覚的・触覚的・運動的満足を得る。日常生活では大人から禁じられることもある汚すことの喜びで不満・敵意・葛藤を解消し，緊張を和らげ，自発性を伸ばす。引っ込み思案の子どもも快活になり，積極的に行動するようになる。
積み木遊び	積み木は感覚運動能力の向上，対人関係や社会性を育むために用いられている。遊戯療法の道具としてよく用いられ，社会性の育成や攻撃性の解放などに効果がある。引っ込み思案の子どもを集団遊びに導く際に，積み木遊びは有効である。一人遊びから平行遊びを経て，集団遊びに導きやすい。
人形遊び	子どもは自分の不安や恐怖を人形に投影し，人形遊びでは安心して人形で欲求や空想したことを表現する。そして，自分の気持ちや感情などに気づき，問題のある子どもでも無意識のうちに解決の方向に向かう。
ごっこ遊び	子どもはごっこ遊びを通して，感情や欲求，葛藤を表現する。子ども自身も，保育者も，子どもの理解をすることができ，ごっこ遊びをするうちに，こころの問題の解決につながることがある。

---

❹　アフォーダンス

　知覚心理学者のギブソン J.J. の提唱したアフォーダンスとは，環境との相互作用において，環境の側が行為するための手がかりを発している（アフォードしている）ことを指す[25]。アフォードとは「与える・提供する」という意味であり，アフォーダンスとは環境がもっているさまざまな要素は，有機体に感情だけでなく，動作も引き起こすということである。

　「有機体は環境からの物理的な刺激を感受し意味のあるイメージをつくる」という間接的認識論に対して，環境が有機体の行為を直接引き出そうと提供（アフォード）する機能をいう。有機体の知る世界の「意味」は，神経による情報処理によってつくられるのではなく，すでに外界の客観的構造として存在しているという仮説である。が，これは外界と有機体との関係についての基本的認識に根本的な変更を迫るものでもある。環境を有機体の知覚とのダイナミックな相互作用においてとらえる考え方である。

　例えば，おもちゃのかごは大人にとっては大きさや形状から「おもちゃを片付けること」をアフォードする。しかし，子どもにとっては，同じ特徴が「お風呂に入ること」「バスの乗客になること」をアフォードするかもしれない。

　幼稚園や保育所内の環境を設定するとき，それが子どもに何をアフォード

アフォーダンス（affordance）

アフォード：
散歩中に2歳児のKくんは，吹きだまりの紅葉に歩み寄り腰をかがめて「真っ赤な秋」を歌った。紅葉が「真っ赤な秋」を歌うことをアフォードしたのである。

するのか，という観点からととらえ直すことで，子どもが思わず関わりたくなるような，魅力的な環境を設定することができる。また，危険を回避することもできる。

❹　子どもの気付きと理解

❶　自然の事象や変化への気付き

　子どもは自然が大好きである。幼いころから水や砂・土に触れて遊ぶ。また，成長するにつれて木登りや川遊びもするようになる。こうした自然との触れ合いによって子どもの豊かな感性が育まれる。暑さ，寒さ，日ざしのまぶしさや風の心地よさなどに気付き，雷の怖さを感じるようになる。また，天候や気候の変化，四季というものを知るようになる。さらに，さまざまな自然体験は子どもに免疫力を付けてくれる。幼児にとって自然は大変重要である。

　しかし，子どもが触れ，親しむことのできる自然は都市部を中心に急速に失われてきた。人間は自分が自然の一部であることを忘れているようだ。身近な自然から，時折訪れる大自然まで，子どもが自然を十分に体験できるように，計画をすることが求められる。

　昨今の異常気象は私たちにさまざまな課題を突きつけている。大気汚染や環境ホルモンについても考えなければならない。地球上に生きるということはどういうことなのか，他の動植物との関係はいかにあるべきかなど，自然と共生しなければ人類の未来はないということを体験することは大切である。そして，そうした教育は，幼児期から始めなければならない。

❷　生命の仕組みや大切さへの気付き

　幼児は，生きているものには命があり，そして，その命は永遠ではなく，どの命も必ず終わる時が来ることを学ぶ。この自然の摂理をどのような過程を経て学ぶのか。どのような生命も尊重し，大切にできるか。幼児は生命の仕組みや大切さをどのように気付いていくのか。命を尊重できるような体験として，どのようなことが大切になるのか。

　人生の始まりと終わりを家庭ではなく病院で迎える時代である。さらにテレビドラマやアニメ，ゲームのような「仮想現実」の世界をいやというほど見せつけられている。こうした現実がふえている今日，この分野の教育の重要性はますます高まるばかりである。

❸　他者の気持ちや地域への関心

　自分の感情や考えは他者にもあって，他者も自分と同じように感じたり考えたりすることを理解し，体験を共有することを「間主観性」いう。この間

自然体験：
乳児期に駅前保育所と家庭との往復の繰り返しで自然に触れる経験の少ない1歳児Oくんと2歳児Gくんが外遊びの多い川崎市立保育所に入ってきた時，「お空が恐い」「土が恐い」と泣いたそうである。

異常気象：
第1章／❶子どもと環境／❸子どものとっての環境問題（p.24）参照

仮想現実：
ヴァーチャル・リアリティ

間主観性：
生後7〜9か月に生じ，14か月頃までにはっきりしてくると考えられている。2歳頃から他の子どもを慰める行動が観察されるが，これは間主観性によるものである。

主観性によって、相手と同じ気持ちになる共感性が生まれ、相手を思いやることや、慰めることができるようになる[26]。

幼児の、自分の住んでいる地域への関心については、2〜3歳の頃は、地域とは近所という限られた範囲である。が、散歩や買い物などの生活体験を通して、4〜5歳になる頃には、自分の行ったことのある場所を介して地域全体に目をやることができるようになる。

4 自分の気持ちや考えへの気付き

生後6か月を過ぎると、「自己」の存在を感じるようになり、その後、はっきりと自分の存在に気付く時が来るが、それが自己意識である。

自己意識が成立すると、幼児は自由意志を発揮してさまざまな探索を始める。そして、環境の中で、人と出会い、友達と出会い、さまざまな経験をする。やがて、2〜3歳になると、幼児は自分が感じていることや自分の考えを、ことばを使って伝えられるようになる。また、自分のいろいろな側面に気付いていく。

自分は何かができるという実感は「自分はこれでいいのだ」という自己肯定感を育て、それは子どもの自信につながっていく。また、他者への気付き、他者評価を経て、7〜8歳になるとメタ認知、自己評価ができるようになる。

5 文字や数量の意味や役割の理解

文字や数量という「記号」を理解する力は日常生活の中での具体的な体験を記号と結びつけることによって育っていく。

文字といえば、平仮名の読み書きをどのように学ぶかということのように考えられがちである。しかし、生活の中で幼児は、文字はどのように使われているか、どのような役割をしているかなど、根本的なことを学んでいる。

数字への関心も比較的早くから見られる。エレベーターの階数やテレビのチャンネルなど、生活で使用している数字は早い段階から覚える。数量の感覚には、ものの分類や、形の構成、時間的な見通しをもつことなども含まれる。

遊びの中で幼児は人数を調整したり、順番を決めたり、交代制で何かを行うこともできるようになる。生活や遊びの中で数や量の意味や役割を体験的に学び、数量の体験や重さの感覚をからだで理解しているのである。

5 環境としての母親・保育者

1 母親・保育者は最大の環境である

環境としての母親・保育者の第1の役割は、子どもにとっての「安全基地」となることである。子どもは心が安定しているときは、探索活動をする。「安

自己意識：
自我の芽生えともいう。それは、1歳過ぎとも、1歳半過ぎとも考えられている。これによって人間の心は初めて心らしくなる。これは、「心の誕生」というべき重要なことである。
第2章／**1** 社会情動的コンピテンス／**2** 基本的情動と社会的情動（p.47）参照

メタ認知：
メタ認知とはもう一人の自分が、自分の認知活動を見つめ、評価し制御することである。

文字：
ことばは「聞く」「話す」「読む」「書く」の順番で発達する。したがって、読み書きの前に、保育者の話を聞いて理解する、自分の考えたことを相手に分かるように話すなどの指導をすることが必要である。

「記号」を理解する力：
象徴機能の発達による。第3章／事例 **9**（p.142）参照。

全基地」とは，子どもが遊んでいるときや，探索をしているときに，不安になればすぐに戻れる場所のことである。子どもは母親や保育者と関わり，受け入れられ，励まされ，ありのままの自分を認められることで，安心し元気を回復して，再び探索活動や遊びに入っていけるのである。

　人間関係はエリクソンのいう「相互性」という特徴をもつ。相互性とは世代間の交流のことである。そして，子どもと母親や保育者の関係でいえば，子どもは母親や保育者に育てられるが，一方，母親や保育者は子どもに育てられるということである。母親や保育者のまなざし，ことばがけ，声かけの一つ一つが乳幼児に与える影響力は大きい。子どもにとって母親・保育者は最大の環境である。

2 　環 境 調 整

　環境としての母親・保育者の2つめの役割は，環境調整である。保育は環境を通して行われるが，その環境が子どもにとって有益なものになるように計画し，工夫する。環境にはいろいろなものが含まれる。その際にアフォーダンスについて考えることも必要である。

3 　不適切な養育（マルトリートメント）

　子育てはたいていの親にとっては初めての経験である。試行錯誤をくり返しながら，子どもへの接し方や愛し方を学んでいく。が，一生懸命に子育てをするなかで，思わず強い言葉で叱責をする，子どもに手を挙げてしまうこともある。

　子どもの脳は，大人の想像以上に柔らかく，傷つきやすい。そして，一番身近で安全な存在であるはずの親から「攻撃」を受けると，とりわけ深いダメージを受けることが明らかになってきた。ダメージを受ける場所は「攻撃」の種類によって異なる。不適切な養育が，子どもの脳を「物理的」に傷つけ，脳が変形するのである。それは後に学習意欲の低下や非行，うつや統合失調症などの病を引き起こすこともあるという。

　「チャイルド　マルトリートメント」という表現が広く用いられるようになったのは1980年代以降のことで，「不適切な養育」[4]と訳されている。これは，子どものこころと身体の健全な成長発達を阻む養育をすべて含んだ呼称である。子どもに対する大人の不適切なかかわり全般を意味するより広範な概念である。

　親が，毎日一生懸命に子育てをするなかで，子どものためを思ってしていることが「マルトリートメント」になっている場合もある。親でなくとも，養育者や保育者，教員など，身近な大人の言動についても同様である。

相互性：
人間は関係性の中で生きている。人とのつながり，過去とのつながり，未来とのつながり，環境とのつながりの中で生きている。
第1章／3 生涯発達と発達援助／1 人生周期と漸成（p.19）参照

アフォーダンス：
第1章／3 環境との相互作用／4 アフォーダンス（p.33）参照

ダメージを受ける場所：
体罰によって，感情や思考をコントロールし行動抑制力に関わる前頭前野の容積が萎縮する。
ことばの暴力は，コミュニケーション能力と関わる聴覚野を肥大化し，心因性難聴や情緒不安を引き起こす。

脳が変形：
以前は，傷ついたこころは治療すれば，再プログラミングができるという考え方が主流であったが，脳の画像診断法をもとに行われた診断結果によれば，脳の機能や神経構造に永続的なダメージを与えることも明らかとなってきている。

不適切な養育：
1960年代に医学的な観点から「虐待」という概念を広めたのは，アメリカの小児科医ケンプ，H. である。1980年代になると，「幼児虐待」はより生態学的な観点から捉えられるようになり，「不適切な養育」と呼ばれるようになった。

チャイルド　マルトリートメント
（child maltreatment）

3　発達理論と発達観・子ども観・保育観

❶　発 達 理 論

❶　フロイトの理論

　精神分析学の創始者フロイト ,S. は，精神科医としての治療の過程で無意識と遭遇した。また，症状の原因が患者の幼児期体験との密接な関連を示唆する症例と出会い，それらをもとに独自の人格発達理論を構築した。彼は人間のこころの構造を発生的に

表1－3　フロイト・エリクソン・ピアジェの発達段階のまとめ

年齢	0	1	2	3	4	5	6	12	20	30	65
フロイトの心理性的段階	口唇期	肛門期		エディプス期			潜伏期		思春期	性器期	
エリクソンの発達段階	乳児期	幼児前期		幼児後期			児童期		青年期	成人前期	成人中期	成人後期
発達課題対危機	基本的信頼対不信	自律性対恥・疑惑		自発性対罪悪感			勤勉性対劣等感		自我同一性対同一性拡散	親密性対孤独	生殖性対停滞	自我の統合性対絶望
人格的活力	希望	意志		目的			有能感		忠誠	愛	世話	知恵
ピアジェの発達段階	感覚運動的段階	前操作期（前概念的思考期 / 直感的思考期）					具体的操作期		形式的操作期		

とらえ，行動や発達を推進させる力として**リビドー**というエネルギーを考えた。

　彼の，リビドー満足とそれをめぐる心理的側面の発達は心理性的発達と呼ばれている。彼はその発達段階を6つの段階に分け，思春期を経て人間は成熟に達すると考えた。それらは心理性的段階と呼ばれている。そして，各段階でのリビドー満足が不足したり，過度になったりした時，その段階特有のパーソナリティ（固着性格）が生じるというのである。

❷　エリクソンの理論

　フロイトに対し，エリクソン ,E.H. は精神分析学的立場を踏まえながらも生物学的・心理性的な見方に偏ることを避け，人間のより社会的・文化的側面に注目し，誕生から死に至るまでの生涯を連続してとらえる「人生周期」という構想を提唱した。

　人間の生涯を8つの階層（段階）に区分し，階層間には，誕生のほうから順序をとばすことなく，以前の階層を土台としてその次の階層が成立するというように「**漸成**」の過程をたどるとする。

　ハヴィガースト ,R.J. にならって発達課題を設定しているが，その発達課題は「危機」を背景にしており，発達課題の達成に成功するか，失敗するか，生涯には特に危機をはらんだ8つの時期が含まれている。そして，その課題

フロイトの理論：
フロイトの理論は，初めてつくられたこころの理論で精神分析学的発達理論と呼ばれている。幼児期決定論であると批判もされている。

リビドー（libido）：
ラテン語で快，喜びを意味し，性的な行動を含む行動全般を支配する生物学的基礎をもつ心的エネルギーと解されている。

エリクソンの理論：
エリクソンの理論は精神分析学的自我心理学と呼ばれ，その発達を心理社会的発達という。
第1章／❸生涯発達と発達援助／❶人生周期と漸成（p.19）参照

人生周期（lifecycle）

漸成（epigenesis）：
～の上に生成するという意味。

人格的活力（virture）

ピアジェの理論：
第2章／❷思考の発達（p.89）参照

操作（operation）

同化（assimilation）

行動様式（schema：シェマ）

調節（accommodation）

を達成する過程で「人格的活力」が漸成されるという。これは，人間が基本的にもっている人間の活動を意味づけて生き生きさせる，社会の中で，他の人と健康に生きるために必要不可欠なエネルギーのことである。

エリクソンは，人間を，「誕生後の発達の過程においてそれぞれの階層で解決すべき課題と取り組み，自我の統合に到達することを目標に発達し続ける存在」としてとらえている。

❸　ピアジェの理論

子どもの認知発達の研究に多大の貢献をしたのはピアジェ J. である。彼は身体的行動が内面化したもので，一貫した構造性・体系性をもった心的活動を「操作」と呼び，操作の段階を前操作期，具体的操作期，形式的操作期の3つの段階に区分している。

ピアジェは，人間が環境に働きかけて，これを変化させ，自己の中に取り入れることを「同化」と呼ぶ。反射・習慣によってできる「行動様式」への同化であり，外部の事象が自己の行動様式に取り入れられない場合には行動様式は修正される。これが「調節」である。同化と調節は逆方向になっているが，このように人間は環境を変化させ，自己を変化させる。

彼の理論は，人間が環境に対して同化と調節の相互的な働きによって均衡化をはかって適応していくという理論である。子どもは現在もち合わせている認知構造に基づく行動様式を用いて環境に働きかけ（同化し）たり，環境に適応するためにその行動様式をつくりかえ（調節し）たりしている。こうして，個体と環境の均衡を目指す活動を次々と展開していくことにより，知的発達が進行する。子どもは感覚運動的知能の段階から形式的操作の段階に至るまで常に均衡化の活動を通して自分の思考を構造化（再構造化）していくという意味で，子どもは自ら発達をつくり出しているといえる[27]。

❹　スキャモンの理論

からだの発達というと一様であるように考えられがちであるが，スキャモン,R.E. は，からだにもいろいろな部分があり，器官系統によって異なった発育様相を呈することを指摘し，それを発育曲線（図1－11）で表している。

神経型は，立ち上がりの急なカーブを描いてどこよりも先に発育する。この神経型の発育をするのは，脳，脊髄，眼球，頭部計測値である。

リンパ型には，胸腺，リンパ節，扁桃その他のリンパ組織が含まれる。免疫機能に関連する組織である。10歳代に極大に達してから，成人レベルに下がっていく。

一般型には全身の発育が含まれる。頭部以外の外的計測値，呼吸器，消化器，血管，筋肉，骨格がこの型をとる。

生殖型は最も遅く立ち上がるカーブを描く。睾丸, 卵巣, 子宮, 前立腺などがここに含まれる。

2 発達観

1 遺伝優位説

発達については, 遺伝によるとする説で, 生物学的に受け継がれてきた生得的, 先天的な形質や性質, 能力が, 時間がたてば発現するという考え方である。成熟説ともいう。

人間の発達に対する遺伝の役割を調べる方法の一つに双生児研究がある。双生児研究によると, 身長・知能・気質などのいずれにおいても一卵性双生児間の相関は二卵性双生児間の相関より高く, これらには遺伝的規定性のあることがわかる。

2 環境優位説

発達は生まれてから後の環境によるとする説で, 生後, 環境の中で経験し学習することにより, 後天的に形質や性質, 能力は変化するという考え方である。学習説ともいう。

系統発達により大脳を巨大化させ, 飛躍的に学習能力を増したヒトは子ども時代が長い社会的動物である。さまざまな環境から大きな影響を受けながら「人間」として発達する。人間は, 人間との長い, そして深い関わり合いなくして, 成長はできないという考え方である。

3 相互作用説

発達については, 遺伝（成熟）によるとする説, 環境（学習）によるとする説が長い間対立していたが, 現在では, 生物学的に受け継がれてきた性質である遺伝と, その人を取り巻く人々, 物, 社会, 文化などさまざまな環境との複雑な相互作用によってもたらされるという相互作用説が共有されるようになっている。

3 子ども観

学習の主体である「子ども」をどのような存在としてとらえるかによって, 保育の目的や方法は大きく異なってくる。

1 「子どもは白紙で生まれてくる」という考え方

「子どもは生まれた時は「白紙」であるので, 生後, 環境の中でいろいろ

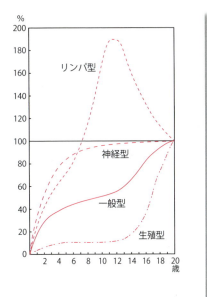

図1-11
スキャモンの臓器別発育曲線

(Scammon 1930)

双生児:
1つの受精卵が2つに分離して成長した一卵性双生児と, 偶然2つの卵が同時に受精し, それぞれが個体に成長した二卵性双生児がある。

相互作用説:
遺伝と環境の両方の要因が加算的に作用しているという輻輳説, 遺伝的素質は最低限の環境が整った時に顕在化するという環境閾値説などが含まれる。

子ども観:
私たちは無意識に独自の「子ども観」によって子どもをとらえ, 自分なりの「保育観」によって子どもに働きかけている。しかし, 子どもへの効果的な援助の仕方を考えると, 自分自身の「子ども観」に気付き,「保育観」をもつことが必要である。

なことを経験させて，さまざまな能力を身に付けさせなくてはならない」という子ども観である。17 世紀イギリス経験主義の哲学者ロック J. の唱えた「白紙説」が有名である。

白紙説（tabula rasa）

行動主義(behaviorism)：現代心理学における基本的方法論の一つ。科学的心理学とは "行動" の科学であり，その研究対象は "意識" ではなく，直接観察可能な行動であり，その目的は刺激＝反応関係における法則性の解明であるとする立場。第3章／②乳幼児の学びの過程と特性 (p.112)参照

先験的（à priori）

　心理学では，行動主義の子ども観がこれにあたる。行動主義を唱えたワトソン，J.B. は，子どもの発達や性格の個人差は誕生後の環境など生育条件によるものであると考えた。「子は親の鏡」「育てたように子は育つ」という表現にあるように，子どもは親の育て方次第，教師の教え方次第でどのようにも育つという考え方である。

❷　「子どもは白紙で生まれてくるのではない」という考え方

　「子どもは白紙で生まれてくるのではない。それどころか，生まれて間もない子どもでも，自分が生まれ出てきたこの世に関するすべての知識を先験的にもっている」という考え方である。

　「子どもは生まれながらにしてそれぞれの個性をもっている」という考え方も，白紙のまま生まれてくるのではないという考え方である。

●コラム　「個性」について

　2000 年6月にヒトゲノム（人間の全遺伝子情報）の配列の解読が終了しました。この研究の最先端におられた中村祐輔先生（東京大学）は「個性」について次のように書いておられます。

　「遺伝暗号は一人ひとりみんな違うのだから，それぞれ個性が違って当然である。みんなは同じではない。しかし，今の日本の教育はみんなが同じはず，みんな同じように努力すれば，同じことができるという考え方だ。しかし，それは，真実をねじ曲げていることである。今こそみんな違う，違うことを尊重すべきということを科学的に訴えることができると思う。本当の意味で個性を認め合い，広い視野でものごとを教えることができるチャンスである。」

（中村祐輔『遺伝子で診断する』PHP 出版　1999）

---

❸　「子どもは勝手で欲求のままに生きている存在である」という性悪説

性悪説：荀子の説。人間の本性は悪であるとして，礼法による秩序維持を重んじた。社会性のない大人を「子どもみたいな人」と表現し，「餓鬼」ということばを「子ども」の意味で用いることがあるが，その場合の子どものとらえ方である。

　「子どもは生まれつき悪である。放っておくと何をするかわからない。したがって大人は幼い時から子どもを甘やかさずに厳しくしつけ，善悪を教えなければならない，子どもには「鞭による教育」が必要である」という考え方である。

　「鉄は熱いうちに打て」という諺がある。「打って形を変えなければならない」ところが性悪説，「熱いうちに」というところが初期経験の重要性（敏感期・臨界期）を表している。

4 「子どもは生まれつき能動的で，自ら成長しようとする存在である」という性善説

「子どもは生まれつき善なるものであり，よほど悪い環境で育てられることがなければ，どの子もまっすぐに育つ」という考え方である。

18世紀のフランスの思想家ルソー,J.J.やペスタロッチ,J.H.,フレーベル,F.W.A., ニール,A.S.などの教育者はこのような子ども観に基づいた教育を実践している。

「子どものもつ力はとても大きなもので，子どもは親の育て方で変わるような存在ではない」という考え方でもある。

わが国には「7歳までは神のうち」という諺がある。また，キリスト教信者は「幼な子のようでなければ，天国に入ることはできない」という聖書の文言を誇示している。これらはいずれも人類が長い歴史を通じて，子どもを尊重し，かけがえのない価値とみなしてきたことの証拠である。

性善説：
人間の本性は善であり，仁義を先天的に具有（ぐゆう）すると考え，それに基づく道徳による政治を主張した孟子の説。

5 「子どもは神さまからの預かりもの」という考え方

一つの社会の優秀性を決める指標は一世代の次の世代への配慮の程度である。青少年たちが，能力を最大限発展させる機会を与えられ，世界を理解する知識とそれを変化する知恵を付与される配慮の程度である。

子どもという新しい人間は両親の専有的な喜びとして生まれるが，いずれ両親から独立し，社会の成員として家庭から去っていく。子どもたちがどのような人間になっていくかということについて，社会が無関心でいられるはずはない。「わが子」を少しでもよい人間に育て上げるためには，親は視野を広げ「わが子」だけではなく，子どもたちみながよくなるように努力をしなければならない。これは少子社会である今，大人全体の問題である。子どもは一人では育たない。集団の中でしか育たないのである。

キリスト教では子どもは「神からの預かりもの」である。したがって，子どもの個性・能力を引き出し，はやく神にお返しするのが親の義務と考えられている。それで，18歳になれば，家庭から出して自立させるのである。少子化という傾向は欧米もわが国と同じであるが，子育ての背景にある考え方には大きな違いがあるのだ。子どもは社会のもの，神のものであって自分のものではないというこの子ども観は，子どもに縛られ，子どもを縛り付けているこの国の大人にとっては特に重要な意味を持つのではないか。

4 保 育 観

保育という営みについての考え方のことを「保育観」という。子どもたちに何を育て，どのように援助するのかという保育の内容と方法についての考え方である。保育観は，発達観や子ども観によって大きく規定され，2つに

大別できる。

1 積極的な保育観（教え込むこと）

「子どもを将来，社会に適応させるためには，大人は知識，技術，価値観などを積極的に教え込む必要がある。子どもというものは大人が教えないかぎり，何も身に付けることはできない。善悪の判断についても，幼い時から教えないと，判断力のない子どもになってしまう」という考え方であり，保育をする親や保育者が，自分が望ましいと思う方向に導くことが保育である。親や保育者は積極的に子どもに働きかけていく必要があるという保育観である。

子どもは「白紙」であるという「白紙説」，自分の欲求のままに生きる悪餓鬼であるという「性悪説」に基づいた保育観である。

2 消極的な保育観（育むこと・引き出すこと）

消極的な保育観：
この保育観は放任とは異なる。というよりも放任とは正反対である。

「子どもには自ら学ぶ力が備わっている。大人が教え込まなくても大人の行動を模倣し，子ども同士が学び合うことで社会に適応していく力を身に付けていく。善悪についても判断力を身に付けていく力をもっている。したがって，親や保育者は積極的に教え込むのではなく，保育を受ける子どもの発達を考慮した環境を準備したり，子どもが自ら方向性を見いだし，学ぼうとすることを待ったり，見守ること，育むことが大切である」という保育観である。

親や保育者が，子ども一人ひとりの発達の状態を見極める目と可能性を引き出す力をもって環境を整備すれば，子どもは自ら学び始めるという考え方である。

個人差や個性を重視する立場に立った場合には，基本的には子どもの自発性を尊重する「消極的な保育観」に立ちながら，子どもの発達レベルに合致した積極的な援助を行っていくことになると考えられる。

●引用・参考文献

❶石井正子・松尾直博編著『教育心理学　保育者をめざす人へ』樹村房　2004　p.3
❷ヴィゴツキー,L.S.　柴田義松訳『思考と言語』（上・下）　明治図書出版　1962
❸藤永保他『人間発達と初期環境ー初期環境の貧困に基づく発達遅滞児の長期追跡研究』
　有斐閣　1987
❹友田明美『子どもの脳を傷つける親たち』（NHK出版新書）　NHK出版　2017
❺小泉英明『脳は出会いで育つー「脳科学と教育」入門』青灯社　2005
❻池田裕恵・高野陽編著『子どもの元気を育む保育内容研究』不昧堂出版　2009
❼下條信輔『まなざしの誕生　赤ちゃん学革命』新曜社　1988
❽佐々木正美『かわいがり子育て』大和書房　1993
❾佐伯絆「「子どもを理解する」ということ」　村井・森上編『保育の科学ー知っておきたい
　基本と新しい理論の創造のために』（別冊発達6）　ミネルヴァ書房　1987
❿Erikson,E.H. Chiidhood and Society(enlarged,revised). New york:Norton,1963
　（仁科弥生訳『幼年期と社会』みすず書房　Ⅰ：1977　Ⅱ：1980）
⓫Cole,M.『Laboratory of Comparative Human Cognition, 1983』　氏家達夫「ヴィゴツキー
　の発達理論」託摩武俊編著『基礎乳児・学童心理学』八千代出版　1989　p.p.154～155
⓬吉田章宏『教育の方法』放送大学教育振興会　1991
⓭ブロンフェンブレーナー,U.　磯貝芳郎・福富護訳『人間発達の生態学』川島書店　1996
⓮泉千勢・一見真理子・汐見稔幸編著『世界の幼児教育・保育改革と学力』明石書店　2008
⓯池内了「未来時代への責任　6教育の最大目標」日経新聞朝刊（2008年3月21日）
⓰仙田満『子どもを育む環境　蝕む環境』朝日新聞出版　2018
⓱マズロー,A.H.　小口忠彦訳『人間性の心理学』産能大学出版部　1987
⓲マズロー,A.H.　上田吉一訳『完全なる人間ー魂の目指すもの』誠信書房　1962
⓳フランクル.V.E.　山田邦男・松田美佳訳『宿命を超えて　自己を超えて』春秋社　1997
⓴小口忠彦監修　あすなろ保育園『新しい集団活動の実践』明治図書　1981
㉑ワロン,H.　浜田寿美男訳編『身体・自我・社会ー子どものうけとる世界と働きかける世界』
　ミネルヴァ書房　1983
㉒和久洋三『「童具」の宇宙』童具館　2018
㉓小口忠彦『人間のこころを探る』産業大学出版部　1992
㉔ヴィゴツキー,L.S.　柴田義松訳『精神発達の理論』明治図書出版　1970
㉕ギブソン,J.J.　古崎敬他訳『生態学的視覚論ーヒトの知覚世界を探る』サイエンス社
　1985
㉖清水勇・阿部裕子『子育て・保育カウンセリング　ワークブック』学事出版　2006
㉗ピアジェ,J.　波多野完治他訳『知能の心理学』みすず書房　1960

第2章
子どもの発達過程

　心身の健康な子どもを育てることは，保育・幼児教育の目標である。心身とは心と身体のことであり，「目に見えない心と目に見える身体」で人間のすべてである。
　心は「知情意」のことで，知的な側面と情意的な側面を含む。学力のような知的な能力は「認知能力」といい，知能，記憶力，思考力などである。これに対し，やる気，我慢，自分と他者の主張の調整などの情意面の能力を「非認知能力」という。心とは「認知能力と非認知能力」のことであるといえよう。
　この章では社会情動的発達，身体的機能と運動機能の発達，認知の発達，言語の発達，児童期〜青年期の発達の順に子どもの発達過程をみていく。

1　社会情動的発達

　人間は社会的動物である。ワロン,H. のいうように，生まれたときから，人やものとの関係性の中で生きている。子どもは関係性の中で育まれる。
　人間は感情の動物であるといわれている。感情とは気持ちのことであり，実際，日常生活はさまざまな感情体験の連続である。人間が行動を起こすときは意識していてもいなくても興味などの感情が働いている。感情とは，きわめて主観的な複雑なこころの動きである。いろいろな情動が絡み合っている状態であることから，複合情動ともいわれている。

非認知能力：
非認知能力と似た概念として情動的知性＝EI（Emotional Intelligence）があげられる。EIとはSalovey & Mayer（1990）によれば、自分自身や他者の情動や欲求を適確に把握し、適切に対応する能力である。EIの中に、自己効力感、有能感、動機づけ、共感性、楽観性、優れた道徳的性質、種々の社会的スキルなども含める研究者もでてきた。非認知能力とほぼ変わりないものと考えられる。

ペリー計画：
ペリー就学前教育計画は「質の高い幼児教育」により、本来ならば学業不振に陥る危険性のある子どもたちの人生をよりよいものにすることができることを実証した研究プロジェクトである。ランダム比較実験にて貧困家庭に育つアフリカ系アメリカ人の子ども達を実験群と統制群に振り分け幼児教育の介入を行った。実験群の子ども達は週5日幼稚園に通い、週2日午後は先生が家庭訪問し、子ども達の発達について話し合った。追跡調査をし、5歳時点（就学準備）、14歳時点（成績と出席）、19歳時点（卒業率）、27歳と40歳時点（収入、持ち家率）で比較した結果は、いずれも実験群の方が統制群より優れていた。
子ども達の人生がよくなることにより、プログラム費1ドル当たり16ドルのリターンがあるという分析結果も出している。それは、後に起こりうる犯罪などの対応に使われる費用の減少、成人してからの収入増加による税収増などによる。

情動（emotion）：
情動とは広義の感情（feeling）の一側面で、感情と厳密に区別することは難しい。

基本的情動（primary emotions）

さて、人の生涯が充実した幸せな生涯であるか、ということと関連することがらについて、旧来はIQ（知能指数）に代表される認知能力に主たる関心が向けられてきた。しかし、近年、高い認知能力が生涯の幸せをかなえるという考え方の見直しをせまる知見が多く報告されている。そこで、注目され始めたのが非認知能力である。

1　社会情動的コンピデンス／スキル

1　認知能力と非認知能力

認知能力の反対の概念「非認知能力」とは、認知能力以外のすべてを指す。非認知能力の重要性を指摘したのは、ノーベル賞を受賞したアメリカの経済学者ジェムズ・ヘックマンである。彼はペリー計画という就学前教育の研究プロジェクトで「子どもの育ちが人生にどのように影響するか」を経済学的な立場で調査し明らかにしたが、「幼児期の質の高い保育が、きわめて重要である」という結論を出している。すなわち6歳までの段階で質の高い保育が与えられることにより、非認知能力が形成され、それが将来のさまざまな困難を乗り超えていく力となることを証明した[1]。

非認知能力とは何か？これは、遠藤利彦[2]によれば、自己肯定感、自立心、自制心、自信など「自分に関する力」と一般的には社会性と呼ばれる協調性、共感する力、思いやり、社交性、道徳性など「人と関わる力」を含むものである。日本の保育が大切にしてきた「心情・意欲・態度」に近いものでもある。

非認知能力の多くは集団遊びや自然とのかかわり、生活の中で形成される。習慣、パーソナリティとも関わりが深いこと、そして漸成されることなどから、成長してからは獲得されにくいことが多くの研究者から指摘されている。幼児の段階が重要である。そして、テレビやスマホで非認知能力を高めることはできないのである。

2　基本的情動と社会的情動

非認知能力のひとつに情動（気持ち）がある。情動の発達についてはさまざまな考え方がある。ブリッジェス,K.M.B. は、誕生直後の未分化な興奮状態から空腹や苦痛などの不快な感情と満足のときの快感情が生じ、その後、徐々に他の感情が分化し、5歳頃までに一通りの感情が出そろうという（図2−1）。

第 2 章　子どもの発達過程　47

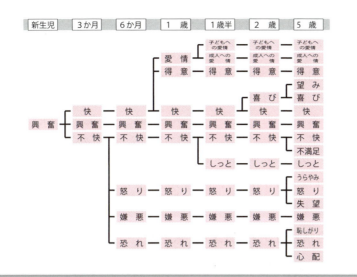

図 2－1
感情の分化

（ブリッジス）

喜び（joy）
驚き（surprise）
悲しみ（sadness）
嫌悪（disgust）
怒り（anger）
恐れ（fear）

満足（contentment）
苦痛（distress）
興味（interest）

❶　基本的情動

　基本的情動とは，ヒトが発達初期からもっている情動であり，どの文化圏でも観察できる普遍的な情動である。喜び，驚き，悲しみ，嫌悪，怒り，恐れ，の 6 つであるとされる。

　近年，乳児の表情の研究が進むにつれ，乳児期のかなり早い時期にいくつかの情動が表出されることがわかってきた。ルイス,M. は，誕生直後に赤ちゃんは，ブリッジスの快・不快に相当すると考えられる満足と苦痛に加え，環境への関心である興味の情動を表出し，それらは 6 か月頃までに喜び，悲しみ，嫌悪，怒り，恐れ，驚きという情動に分化すると考えている。そして，それらの情動を基本的情動（一次的情動）と呼んでいる。（図 2－2）

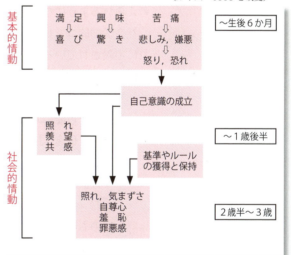

図 2－2
情動の発達

（ルイス　1993 を改変）

照れ（embarrassment）
羨望（envy）
共感（sympathy）
誇り（pride）
羞恥（shame）
罪悪感（guilt）
困惑（embarrassment）

❷　社会的情動

　社会的情動とは，自分と異なる他者の視点が関わるタイプの情動である。それは，**自己意識**の成立をきっかけに発現する情動である。

　自己意識の成立する 1 歳半頃から，照れ，羨望，共感という情動が見られるようになる。これらは，誇り，羞恥，罪悪感，困惑といった情動と同様に**内省**を必要とする情動で，このような情動を社会的情動と呼んでいる。これらの情動は内省のできる**自己**がもつ，より複雑で高度な情動で，二次的情動とも呼ばれる❸。

（前頁）自己意識
(self-consciousness)：
自分という存在に気づき，自分で自分を意識することである。幼児期前期に「意志」(will power)の出現によって成立し，以後，自分という存在についてまわる。

（前頁）内省：
深く自分を顧みること内観と同じ意味

（前頁）自己（self）：
心理学では自分で自分について意識する場合に対象となる自分を「自己」と呼び，意識する自分を「自我」(ego)と呼ぶ。

能力（ability）

特性（trait）

OECD：
経済協力開発機構

社 会 的 能 力（social competence/skills）

情動調整力（emotional competence/skills）

❸　情 動 の 機 能

　情動は人間の生活の中で，あらゆる精神生活の方向づけをする重要なものである。人間は嬉しいときには自然に顔がほころび，晴れやかな顔をする。興味のあることは知りたいと思い，自分から進んで本を読んだりする。情動が表情や行為となったとき，そこから人やものとのつながりが生じる。また，驚いたり，怒ったりしたときには心臓の鼓動や脈拍が速くなったり，発汗したりする。不安ストレスが続くと胃腸が悪くなり，睡眠障害が起こることもある。反対に血圧が下がると，やる気が出てこないなど，情動と生理的現象，精神活動，人間関係，との間には相互関係がある。

❹　社会情動的コンピテンス／スキル

　ところで，非認知能力とは「能力」であろうか。例えば，非認知能力の一つである「自己肯定感」，「自信」などは，能力としてよりも，むしろ，特性としてとらえるものではないか。

　OECD は，これからの社会で複雑な要求や課題に対応することができる力を「コンピテンス（能力）」と定義している。近年，コンピテンスは知識や技能だけではなく意志や意欲といった「情動的な」側面に支えられていると考えられるようになった。

　社会情動的コンピテンス／スキルについては，さまざまな研究で，それぞれに定義されている。例をあげる❹❺。

例1　非認知的行動とは，自分と他者・集団との関係に関する社会的適応，および心身の健康，成長につながる行動や態度であり，また，それらを可能にする心理的特質である。心理的特質とは認識，意識，理解，信念，能力および特性などである。

例2　OECD はこうした目に見えにくい力を測定し，育成するために，社会情動的スキルという概念を設け，社会的能力・情動調整力を含む「学びに向かうスキル」と位置づけている。それには 160 以上のものが含まれ，因子分析すると，①開放性，②勤勉性，③外向性，④協調性，⑤否定的感情 対 情緒安定性，の５つの因子を含み，それらは，認知能力と一緒に育まれるという。社会情動的スキルの定義と測定については，今，議論の最中である。

例3　社会情動的スキルは，次の①，②，③を含むものである。
①目標の達成に関するスキル……忍耐力，自己制御，目標への情熱
②他者との協力に関するスキル……社交性，敬意，思いやり
③情動の抑制に関するスキル……自制心，楽観性，自信

上記のように，社会情動的コンピテンス／スキルの定義はさまざまで，その研究は途上にある。さらに非認知能力であるが，認知能力と一緒に育まれるというのである。

さて，大西❻が「コンピテンスを育む学習と評価」について「別々になされてきた教科と行動の評価を一体化する工夫が見られるが，不十分であり，人格発達の中に教科の学習活動が組み込まれる必要がある。教育の目的は人格の完成をめざすところにあるのであり，人格全体の発達を促すなかで教科の教育もなされなければならないであろう。」と述べているが，社会情動的コンピテンス／スキルもまた，人格全体の発達を促すなかで育まれるべきと考える。そこで，エリクソンの理論にそって，人間の発達過程を発達課題や人格的活力とともに概観し，社会情動的コンピテンス／スキルの発達を見ていくことにする。

❷　人間の発達過程❼❽

エリクソンの生涯発達理論は**心理社会的発達理論**とも呼ばれているが，次の特徴を改めて確認しておきたい。

①人間の一回きりの人生（**人生周期**）は学ぶという営みから切り離すことはできない。

②発達課題とは個人に健康をもたらし，健康なパーソナリティの形成に不可欠なものである。課題を学ぶこと自体が社会文化からの期待と葛藤との危機のもとで展開され，したがって課題を解決するためには，危機を乗り超えることが必要である。

③課題を達成する過程で，中核的な役割をするのが人格的活力である。これはパーソナリティを生き生きとさせる人間に共通な可能性であり，したがって普遍性をもっている。

１　乳児期　〈基本的信頼〉－〈不信〉:〈希望〉

生まれた時におよそ 3,000g，50㎝であった赤ちゃんは 1 年経つと体重は約 3 倍，身長は 1.5 倍になる。乳幼児の発達と脳の形成には密接な関係があることは周知のことであるが，最近の**大脳研究**は人生最初の 1 年間における経験が神経細胞（ニューロン）のネットワークの基礎を築き，その後の理解力，創造力，適応力を生み出す原動力となっていることを示し，問題解決などの分別ある思考の神経的な基礎はこの時期に確立されることを明らかにしてきた。そして脳の形成に必要不可欠なのが赤ちゃんと母親の情動的なつながりであり，それをエリクソンは基本的信頼という。

心理社会的発達理論：
第 1 章／③発達理論と発達観・子ども観・保育観（p.37）参照

人生周期：
人間が生まれてからその生涯を終えるまでの一回りの時期が人生周期（ライフ・サイクル）である。エリクソンは人生周期という用語を心理学に導入し人間の生涯について研究した。発達課題と危機については，第 1 章／❶発達理論／❷エリクソンの理論（p.37）参照

人格的活力（virtue）

大脳研究：
第 2 章／❶身体機能の発達／❷脳神経系（p.79）参照

基本的信頼（basic trust）

●基本的信頼とは，母親，世界，自分を信頼し安心すること

　人間の赤ちゃんは動物の赤ちゃんとは異なり，生まれてからも胎内にいたときと同じような生活条件を整えてくれる大人の世話がなければ生きていけない。大人に頼らざるを得ない乳児が人生において最初に学ぶことは「取り入れる」ことである。赤ちゃんはまず口からおっぱいを取り入れる。おっぱいを飲んでいる時，その目は母親にくぎ付けである。空を見ていることはない。小さな手はおっぱいをさわっている。身体は母親の腕とひざにしっかり抱かれ，口，目，手，身体全体から得られる刺激のすべてを取り入れている。乳児が「取り入れたい」ものを母親が「与え」，母親から「与えられるもの」が乳児の「取り入れたいもの」である時，乳児は母親との一体感を増す。乳を与え，微笑みかけ，胸に抱き温かく包んでくれる母親の姿を通して，乳児は母親を信頼し，自分のおかれた環境を信頼し，与えられるものを不安なく取り入れる自分を信頼するようになる。そして乳児は，自分は何でもできるという全能感（万能感）にひたる。この乳児期の安心できる温かいふれあいや全能感が，その人の心の発達の土台となる。

●希望とは「求めたものは必ず得られる」という確固たる信念

　乳児期に獲得されるべき人格的活力は「希望」である。赤ちゃんはなぜ泣くのか？　それは，希望があるからである。希望とは現状にとどまらずに，自ら「よりよい状態」を求めることである。パーソナリティの漸成の土台になっている。希望とは「求めれば求めたものは必ず得られる」という確固たる信念をもたらす，生涯にわたってその生を支える力である。母親と乳児の間にくつろげる関係が結ばれ，乳児に基本的信頼が確立されることが，希望を獲得するための基盤となる。

　希望は乳児が歩み出す見知らぬ世界への不安や恐怖を克服する力である。希望がしっかりと獲得されれば生涯にわたってさまざまな人間関係の中で出会う信頼と不信の葛藤から立ち直る力をもたらす。また，失敗しても，それを乗り超えて新たに次の結果を目指し，努力することを促す力ともなるのである。そして，乳児にとって希望をもつとは，心も身体ものびのびしていることである。

●不信とは身体的・心理的安らぎが得られない不安や恐怖の感覚

　しかし，母親をはじめとする養育者が乳児の欲求を的確に読みとることができず，その欲求に的確に応じることができない場合がある。求めても必ずしも得られないと感じてしまうと，乳児とて無駄に求めることはしなくなる。そうした時，乳児は自分の欲求を満足させてくれない環境へ不信の感覚を抱く。求めようとする気持ちは萎えてしまう。また，乳児の欲求に応えている

全能感：
幼児後期になると，自分にはできないことがあることを受け入れ，できることをしていこうという姿勢がみられるようになる。

希望 (hope)：
漸成される人格的活力の基盤となる。

泣く：
最近「泣かない赤ちゃん」の存在が危惧されている❾。

つもりでいても母親の気持ちが不安定であったり，部屋の中がざわざわして
いて落ち着けなかったり，生活時間が大人のそれに合わされているなども同
様である。身体的・心理的安らぎが得られない感覚から不信感は生まれるの
である。

「希望」の反対は何か。それは「不安」や「恐怖」である。不安や恐怖が
強ければ，乳児は明るくのびのびとした気持ちでいることはできない。希望
は育てられないのである。そういう状況におかれると，感情表現の乏しい無
気力な乳児になってしまう。

●基本的信頼 対 不信の解決に含まれる 乗り超えるという大事業

「泣くこと−泣きやむこと」は乳児の外界への適応を意味している。時には，
期待や予想がはずれ，泣いてもすぐに応えてもらえないこともある。そうし
た時の不安な気持ちや切なさを母親から慰められ，抱きしめられる。乳児は
母親の胸の中でもうひと泣きし，母親の目をみつめ，おっぱいを含ませても
らい，乳児は自分を取り戻し，漸く泣きやむ。崩れそうになった母親への信
頼が回復された瞬間である。

乳児は生まれて間もない頃からこうしたことをしているのである。このよ
うな発達課題対危機を解決する「乗り超える」という仕組みは，人生周期の
中でいろいろな試練を乗り超える仕組みであり，偉大な仕組みである。

●心の誕生

新生児の世界は外界と自己が未だ分化していない未分化の状態で自我の境
界はない。新生児は自分の存在を知らない。歯が生えてくる頃，お乳を吸っ
ているときに歯を使ってみると「いたい」と叫ばれ，お乳を離される。そ
うしたことがきっかけで母子間にはこれまでとはうってかわった対立が生じ
る。このとき乳児は自分以外の存在に気づくのである。

生後しばらくすると，「自分」の存在にも何となく気づいてくる。スターン，
D.N. はそれを自己感と呼ぶが，その段階を経てはっきりと自分の存在に気
づく時がくる。自分で言葉を発する時，自分の足で立った時である。自分の
存在に気づくことを「自己意識の成立」という。これによって人間の心は初
めて心らしくなる。これは心の誕生ともいうべき重要なことである。

❷　幼児前期　〈自律性〉−〈羞恥・疑惑〉:〈意志〉

●心の安定を土台として自律性は獲得される

幼児前期（1〜3歳）には筋肉組織の発達により，それまでのつかむこと
によるものの占有の次元に，自発的に落とすこと，投げること等の次元が加
わる。発達した筋肉組織をどのように使用して何をするのか決めるのは行動

存在に気づく:
ゲゼルやザゾが指摘した
ように，子どもが鏡や写
真に映った自分の姿を見
分けられるようになる時
期は，自分以外の人物を
見分けられるようになる
時期よりも，かなり遅れ
る。他者認識は自己認識
よりも早い。これはルー
ジュテスト（Lewis,M.
他 1989）他，どの研究
でも指摘されていること
である。

自己意識の成立:
第2章／❶社会情動的
コンピテンス／❷基本
的情動と社会的情動／
（p.47）参照

自律（autonomy）:
自分で判断して行動する
こと。他律（heteronomy）
の反対語。

機能的快楽（functional pleasure）:
コラム「遊びの機能」(p.32)参照

自立:
自立(independence)は依存(dependence)の反対語で歩行・排泄・食事・衣服の着脱などが自分でできること, 独立という意味である。自律(autonomy)は他律(heteronomy)に対する語で, 自分で自分の行動を規制することをいう。それは自己制御のことである。

一人で立つこと:
一人で立つためには, 筋肉をコントロールし, バランスをとることが必要である。

甘え:
歩き始めた頃「だっこ」を求めることなど。自律と甘えの二面性は模倣と独創, 秩序と破壊, 拒否と従順などとともに保持と排泄の公式に含められる。この段階の子どもには自律・自立と甘えという極端から極端へと激しく変化する傾向が認められる。

自己尊重（self-esteem）

基地:
表2-1 (p.64)参照

の主体である子ども自身である。この時期には人生初期の「三大事件」と呼ばれることもある「離乳」「直立歩行」「発語」という現象が見られる。生えた歯, 発達した骨格や筋肉を一度使うと, もっと使いたいという欲求が出てくる。歩けるようになり, 話せるようになった幼児にとっては歩くこと, 話すこと自体が楽しくて, それ自体が目的である。楽しいからやってみるのだが, やってみることにより発達が促進される。それを機能的快楽という。そうして生活の自立が始まる。

しかし, 自律ということ, 例えば, 身体をコントロールして初めて一人で立つことには多くの意味が含まれている。すなわち自負心や誇らしさ, 賞賛されたいという願望, 反面, 孤立, 観衆の目にさらされるぞっとするような恐怖, 倒れることへの不安など。自律は身体の自律に始まるが, これは, その後の生活のすべてに関わる重要なことである。

自律性を育てるためには恐怖や不安を乗り超えるだけの「心の安定」がはかられることが必要である。乳児期に発達課題と危機の統合に失敗している場合には自律は難しい。乳児期に十分な世話と愛情を受けないで育った子どもには自律性の欠けた子どもが多い。自律には「甘え」の保障が必要なのである。

●大切に育てたい自己尊重の気持ち

歩行によって行動範囲が拡大する。行きたいところに行くことができる, 好奇心も旺盛になり探索行動が活発となる。自分の意図するところを自己制御によって行動したり, 言葉に表したりできる。幼児にとってこうした経験は生まれて初めてのことである。他の人とは違う「自分」がいる。自分がしたいことができる。こうしたことが嬉しく, また, 誇らしい。それで「自分」を何度も何度もくり返し表現する。この時期に自己尊重の気持ちが芽生える。自尊心である。

ところが, この時期, 幼児の心身の能力は未だ十分に発達しているとはいえない。一人で歩いている時に足を踏み外して転ぶこともある。言いたいことを表現できないことも, 表現したことが伝わらないこともある。そんな時, 周りから笑われたり, 叱られたりすると, 幼児の自尊心は痛く傷ついてしまう。羞恥や疑惑を強く感じた時には, 自分でやってみようという意欲が削がれてしまう場合もある。この時期の幼児が意志するところを表現し, 探索行動ができるためには, 十分に甘えられ, 安心できる基地の存在が必要である。乳児期に基本的信頼感が確立されることは必要なことであるが, 幼児が何かができた時にはほめてやること等が安心につながる。

●意志力と公正で公平な判断力

幼児が自らの感覚と筋肉を用いて積極的に経験するチャンスをつかむようになると、自己統制と他者からの統制という二重の要請に直面する。意志をもつということは強引に自分の思いを通すことだけを意味するのではない。むしろ、自己の衝動を生かす判断力と決断力が次第に増大していくことを意味する。すなわちこれは何を意志することが可能であるかを見分ける力である。幼児は意志する価値がないことは諦めることを学ばなければならないし、避けられないことなら、これを正面から受けとめることも学ばなければならない。

意志力は成熟して後、衝動の統制がどれほどうまくできるかという自我の特性となる。意志力は他者の意志と拮抗したり協同で働いたりする。意志力には公正さが必要である。

●成人の偏執病的な恐怖につながることもある羞恥・疑惑

この時期には排泄の訓練など基本的習慣のための「しつけ」を始める。しつけには十分な配慮が必要である。一所懸命に自立の努力をしている子どもが失敗したときに、笑ったり、厳しく叱ったりすると、子どもは深い恥の体験をし、表現しない子どもになったり、自分のしたことに疑惑の気持ちをもつ子どもになることがある。羞恥と疑惑の関係は目に見える正面と目に見えない背部の関係である。疑惑とは自分のしたことを自分は本当に求めたのであろうか。自分の求めたことを自分は本当に行ったのであろうかというジレンマである。羞恥や疑惑は後に成人の偏執病的な恐怖の原因になることもあるという[10]。

③ 幼児後期　〈自発性（積極性）〉−〈罪悪感〉：〈目的〉

3歳を過ぎる頃になると感覚運動機能はもう一人前に発達し、自分の力で自由に歩いたり走ったりできるようになる。転びそうになってもうまくバランスをとって、自分の身体を立て直すことができる。自分の身体機能への自信は積極的に取り組もうとする気持ちを起こさせる。幼児前期から後期にかけて言葉は著しい発達を示す。幼児前期に子どもは自分が心の中につくった表象やイメージに応じて遊ぶことができるようになる。手足を使って遊ばなくても頭の中でいろいろなことを想像したり考えたりすることができる。言葉という記号（象徴）を用いてそのものを表すこともできる。ピアジェJ.は、この時期の子どもの思考の仕方を表象的思考と呼んだが、あるものを別のものによって表すという象徴機能の獲得によって子どもの内面的な世界は一挙に大きく豊かなものへと拡大されていく。遊びも象徴遊び（ごっこ遊び）へと発展していく。

意志力（will power）

公正さ：
公正・公平は、日本人には欠落することの多い特性であると指摘されている。

疑惑：
羞恥と疑惑の関係は目に見える正面と目に見えない背面の関係である。

羞恥：
羞恥には他律的な羞恥と自律的な羞恥が含まれる。他律的な羞恥とは失敗をした時に「他者に見られて」恥ずかしいと感じることで、自律的な羞恥とは自分がこうありたいという「自我理想」に反することが自分に恥ずかしいと感じることである。

背部：
自分のあずかり知らない背部が他人の意志によって左右される時、疑惑という情動が起こるとエリクソンはいう。

偏執病：
パラノイア（paranoia）のことで、妄想性障害ともいう。

表象的思考：
第2章／❷思考の発達（p.89）参照

自分についてもイメージ（自己像）をふくらませ，自分は何でもできると思う。大人のすることは何でもやりたがり，ウルトラマンのように空を飛ぶことができると空想する。しかし，自分の空想的想像的な能力に裏切られることになるのだが，そのことを通して自分の力の限界を知っていくのである。この限界を知った子どもは自分ができることを現実的に追求することに目を向けていく。

●遊びの時代

エリクソンは幼児後期を「遊びの時代」ととらえている。子どもは真面目に遊びに取り組む。遊びを通して自己と自己をとりまく現実に出会う。そして，遊びの中で想像力，集中力，最後までやりとげることの喜び，協同することの喜び等を体験する。

この時期の子どものものの見方，推理や判断は直観作用に依存していて，その時その時の「見かけ」に左右されやすいのがその特徴であるが「上位概念と下位概念」「一般と特殊」という事物や事象を客観的に把握する力を発達させて，子どもなりの論理性を示すようにもなる。この時期の子どもは「比べる」ことが大好きである。「父親」「祖母」を父の母は祖母ということも概念的にとらえ，人間関係にも一定の規則性を見出す。

こうした外界への探索と自己概念化は自己概念の形成とも結びつき，自己評価もできるようになる。自己と他者を客観的にとらえられるようにもなる。自分自身についても肯定的な側面，否定的な側面の両方からとらえ，他者との関係の中での自己を把握することも可能になる。これらは自分の行動をうまく統制し，自己規制する力を発達させていく。

幼児前期の自律性は環境に対する積極的な身体的探索であり，自分自身の衝動や欲求や運動能力や技能に安定性を見出すことであった。幼児後期の積極性は自己の外的世界に対する積極的な概念的探索であり，概念化により，外的世界の秩序性，規則性を得て，安定したものとしてとらえて自分の支配のもとにおこうとする試みである。積極性とは知的好奇心の発揮であり，環境に対して独立して対応していくための内面的規制（概念，推理力，道徳，良心）を発達させていくための契機である。

●「目的」とは自分の行動について予測性をもつこと

幼児後期の人格的活力は目的である。この時期には移動能力の増大と認知能力の発達によって身体的にも認知的にも自己を統制する能力が育ち，我慢すること，約束やルールを守ることもできるようになる。集団生活の中での仲間同士の関わりも協同遊びの内容も複雑になる。

これはよいか悪いかなど，道徳行動のごく基礎的なことを身につけてい

自己評価（self-evaluation）：
自分で自分の能力や性格などを「この程度である」と評価することをいう。場面によってはこの自己評価が劣等感のために歪んだり優越感のために歪んだりすることがある。

概念的探索：
（小口忠彦編 1983 p.72）

目的（purpose）：
目的意識の育っている4歳児は，登園後すぐに"お仕度"を始める。3歳児が始めるまでに時間がかかるのは，目的意識が十分に育っていないためと考えられる。

くのがこの段階の発達課題である。積極性が身につき，行動範囲も広がり，自他の区別もついてくるので，友だちを叩いてはいけない，お店のものを黙ってもらってきてはいけない，などと善悪のけじめがつくようにすることが大切である。

　幼児は，他の幼児との関わりの中で「自分がどんなことをしようとしているか」「自分の力でどの程度のことをやり遂げられるか」などと自分の行動の結果を予測できるようになる。自分の力を幼児なりに考えるのである。この自分の行動についての予測性をもつことがエリクソンのいう「目的」である。目的意識が成立し，目的行動が組織されることによって意志はさらに進む。目的とは目指す方向性をもつ強さであり，心に思い描く空想や自分が素晴らしいと思う目的や目標を達成可能なものにしていく力である。自分の能力でできることとできないことを区別して，できることを実際に追求していく勇気でもある。そして，そうした勇気をもった自分に対して幼児なりの自尊心をもつのである。

●自発性（積極性）対 罪悪感の肯定的な解決

　罪悪感とは幼児後期の発達課題対危機の否定的側面であり，心理社会的危機の否定的解決によって子どもの心の中に形成される感覚である。

　この時期の子どもは自分の思い通りにすることに貪欲であり，好奇心に満ちていて何に対しても積極的に探索し，知識を得ようとする。しかし，このような積極性の発揮は肯定されるばかりではない，それぞれの文化は子どもが触れてはいけない領域をもっている。積極性の発揮はそれらの価値や基準に　触れるときには，罰を与えられることになる。

　子どもは，両親が自分に何を期待しているのか，何を禁止するのか，自分がどうあれば喜び，どうあれば怒るのかを敏感に感じ取って，それに自分を合わせていこうとする。やがて，両親の声とイメージが子どものこころに「内在化」されて，両親が側にいなくても自分の行動を統制する内的基準として働くようになる。これが，道徳的規制や良心として子どもの自我に組み込まれていくのである。

　子どもが内在化させてきた内的基準は，社会的に認められないような欲求をもつことや行動化しようとすることを抑え止まらせる。欲求や行動が表出される前にそれらに罪悪感を抱き，逸脱しそうになる自分自身を統制していくのである。両親は子どもにとっては倫理的モデルであり，同一化の対象である。子どもが積極性対罪悪感という危機を肯定的に解決するか否かは，両親が子どもの行動に与える評価や制限と深く結びついている。

　したがって，子どもに圧倒的な罪悪感を抱かせないようにしなくてはならない。また，他の子どもと比較して「否定的な自己像」を強く意識させるよ

罪悪感（guilt feeling）：自分の犯した罪にたいして抱く罪障感とは異なる。

同一化（同一視）：元来は精神分析学における防衛機制の一つであるが，最近は自分にとって重要な人の属性を自分のなかに取り入れる過程一般を指して用いられる。"発達"において同一視（同一化）は重要である。子どもは親からの"賞罰""禁止"を内在化することでその社会に適応可能となり，また，重要な複数の他者との同一視を通してアイデンティティ確立の基礎が築かれるからである。

うな叱り方も避けるべきである。できないことを批判するのではなく，「なぜできないか」「どうすればできるようになるのか」を一緒に考え，勇気づけることである。

　幼児にけんかはつきものである。この時期は「自己中心性」により自分の考えや立場に固執するため，また，友だちの立場を理解できないために，しばしばけんかが起こる。けんかは幼児にとっては自己主張，自己制御，忍耐力，負けた時の悔しさなどを体験を通して学習する機会である。相手にけがをさせたり，相手の心を傷つけたりした場合には，注意したり諭したりしながら，ルールを守ることができるようにさせなければならない。しかし，幼児前期と異なり，自分の意志を表現し意識する中で，相手の気持ちを理解し，解決法を見出すこともでき，また，公平な判断力も芽生えてきているので，場合によってはその解決を幼児にまかせて見守ることも必要である。

　幼児は遊びの世界の中に現実のさまざまなことや現実の目的を移し替え，主題に応じて自分の過去の経験や予想される未来を感じる。そして，やがてしなければならない実際の役割，道具の使用，未来に修得するであろうさまざまな能力や技術，およびそれらが内包している目的を学びとっていくのである。

❹　児童期　　〈勤勉性〉－〈劣等感〉：〈有能感〉

●組織的教育の開始

　"industry"ということばは「あることに忙しい」「あることを完全に学ぶ」「仕事をすること」等を意味する❶。児童期のスタートは学校生活の開始によってきられる。学校生活のはじまる時期と一致して，子どもたちは心理的にはおとなになるべき初歩的な歩みを開始する。読み書きをはじめとしたその文化のもつ基礎的な技能を学び始めるのである。そして，勤勉であれば，報酬や賞賛，それ相応の所産を得られることを知る。それで，子どもたちは自分のもっている能力やエネルギーを生産の場で発揮しようと頑張る。その過程で勤勉の観念を発達させる。能力を築き上げて，意味のある仕事を遂行しようという勤勉性が生じる。

●学ぶ存在

　エリクソンは，児童期のことを「私は学ぶ存在である」という言葉で特徴づけている。従来のパーソナリティの心理学では，児童期は重要視されていなかったが，心理・社会的には最も決定的な意味をもつ段階であると彼が強調する根拠はここに見出される。

　この段階の子どもが経験する危機は劣等感や不全感である，劣等感の起源は，４～５歳頃にさかのぼって認められる。自分は何でもひとりでできると

思っているのに，大人との関係でみると，自分は劣（おと）っている，とても大人にはかなわない，という感じをもつことはすでにみられる。ところが，児童期に認められる劣等感は，対人関係が芽生えはじめ，他者との比較で確かな自己評価ができるようになるのにともなって生じるものである。道具の使用や技術に関する自分の能力，仲間たちの間での自分の地位や身体構造や機能にまつわる能力について絶望したときに生じるものである。

ロウ，G.R. は，この時期の子どもに及ぼす学校の影響，その社会的重要性は，入学前の子どもは自分と同じ年齢の子どもは，誰でもみな自分と似た能力や適性をもっていると思っていたのに，学校に入学すると，みなが同じではないということを知らされることだという[12]。

自己評価の確かさ，他者との比較からの劣等感は誰しもがもつ情動であるが，劣等感は努力のもとの一つでもあり，劣等感のもとは**自我発展の意欲**であると考えると，プラスの意味を見つけられる。

社会構造が複雑でなかった戦前や原初（げんしょ）社会では，知識や技術は「教えられる」ものではなく，大人や年長者から「学びとる」「盗みとる」ものであった。「自分で覚える」「学びとる」ことをした知識や技術は「ほんもの」である。自分に見合った課題の遂行過程を通して，児童は失敗や成功の体験をし，自己評価の確かさ，課題を遂行する価値を学ぶ。そして，何かをしようとする意欲，勤勉さにより将来的に認められる能力を獲得していくのだという確信を得ていく。児童期には，社会がより広い社会の生産技術や経済における意義ある役割を子どもに理解させることが重要な意味をもっている。

自我発展の意欲：
（小口忠彦編 1983
p.88）

●有能感とは自己評価のこと

児童期の子どもは広範囲な好奇心をもっている。知りたい，学びたいという願望をもっている。勤勉性を育てるのが児童期の発達課題であり，この課題の解決に成功するか失敗するかは劣等感の体験とのバランスという危機をはらんでいる。この重大な発達課題の解決過程でパーソナリティの中核（ちゅうかく）としての役割を占めるのは**コンピテンス**である。これはホワイト，R.W. からの引用であるが，適格性，社会的能力，競争力という意味がある。エリクソンは，課題の遂行にあたって重要なのは，道具や知能を自由に駆使することであるという。有能感と呼ばれることもあるが，「自分は有能だ」という優越感のことではなく，「自分は自分なりの能力を所有している」という自分で自分を評価する能力のことである。「自己評価」であって，自己意識と比べると意識が「一重」（自己意識）から「二重」（自己評価）へと変化している。自己評価ができることで，やればできるという自信につながる。おとなや教師からのはげましや誠意をもった承認によって，自分のしたことが真の業績として認められると，有能感は**自己肯定感**をも獲得させてくれる。

コンピテンス
（competence）：
第3章／**3**オペラント条件づけ（p.106）参照

自己肯定感：
自分は今のままの自分でよいのだという気持ち。

児童期前期の遊びは，形式は幼児的だが，展開の仕方ではそれまでに見たり聞いたりしたことを実際に試したり，発見や工夫・努力をしている様子が見られる。遊びの中で見出される目的意識に導かれて目的行動が展開されているのである。この程度にはやってみたいという水準を設定して，それに達すれば達成感を味わうし，達しない場合は目標に到達しようという努力を惜しまない。仲間からの承認や批判も自分の行動に反映される。

　有能感をもつと，子どもはそれを，積極的に実用手段をもって形にかえていきたいと願う。児童期の遊びは「乳幼児の架空の世界から脱して物や人を支配するという新しい段階に向かって前進していくのである」とエリクソンはいう。こうして子どもたちは，自分の所属する文化や大人の世界に向けて学ぶ存在になっていくのである。

5　青年期　〈自我同一性〉－〈同一性の拡散〉:〈忠誠〉

●自分は自分であるという感覚

　アイデンティティとはエリクソンにより提唱された概念で人間の自我の心理構造を解明するために用いられるキー概念である。これは自分自身の独自性・不変性・一貫性・連続性・単一性の感覚（自信）のことである。また，その人が所属する集団や組織やそのメンバーや仲間から社会的に認められていると実感できる感覚（自信）を必要とする。その人らしさとは，周囲の人から承認を受けつつ徐々に形成されるもので，その土台は，乳児期に経験する養育者との間に相互に結ばれる基本的信頼の中にある。

　アイデンティティとはアイデンティティの確かさと不確かさの間を揺れ動く危機を含み込んだ概念である。アイデンティティの危機は，人間の生涯における人格の成長過程の中で起こってくるもので，発達上の危機を意味している。同時に，社会や歴史の変動の中で，それぞれの人が体験する存在や自我の危機のことである，こうした発達上の危機と社会や歴史の変動とがもっとも激しく交錯するのが，青年期である。

　青年期とは，自分を意識化し，対象としてある程度客観的に観察することのできる時期である。対象となる自己に働きかけて，自己を形成し，創造しようと努力することである。その際，児童期までにつくりあげられてきた自分はとらえなおされ，新しい自分がつくられていく。こういう意味で青年期は第二の誕生の時期といわれる。

　青年期の発達課題の達成は，青年期にみつけ始めた自分を，さらに社会的現実とつきあわせていき，自分に適した職業を選び取って初めて成立する。つまり，現実的未来に対する方向づけを必要とするのである。

　自我同一性とは個々の自分を内的に支え，統合する役目を果たす自分（資質）を言い表す概念である。この資質は幼児期，児童期のそれぞれに獲得し

アイデンティティ（identity）:
日本語では「同一性」「自己の存在証明」「主体性」と訳されているが，どれもしっくりしないので，そのままアイデンティティと使われている。

激しく交錯:
（小口忠彦編　1983　p.103）

自我同一性（ego identity）:
アイデンティティという概念は他に，性（性的同一性:sexual identity），国民性（民族同一性:national identity），自己（自己同一性:self identity）意識の観点（同一性意識:identity consciousness）から論じられる。

た同一性を土台として形成され，青年期に確立する。その間に青年は内的葛藤の危機を体験し，それを克服し統合するなどの経験を積むのである。自己の特徴について考える，批判的になる，自信をなくす，確立にいたる過程は長くて厳しいものである。「悩める青年期」といわれる所以である。

　同一性拡散とは，同一性を未決の状態におくことである。青年にとって自分がどういう人間であり，なんのために生きていくのかを明確にしていくことは難しい課題である。青年期には過去の自分を未来の予想される自己につなぎ，さらに自己確認を社会的確認につなげなければならない。同一性拡散とは，過剰同一化の状態になったり，否定的同一性の中に入り込んだり，過去に退行したりで，この課題を成し遂げることに失敗することである。自我同一性を確立するためには拡散という危機を経験する必要はあるが，拡散の方が大きくなると，病理現象をひきおこす。青年がこの危機を乗り超えるに当たっては，社会がその機会とモデルを与えることができることが望ましい。

●忠誠とは自ら選んだものにおびただしいエネルギーを注ぐこと

　自我同一性と同一性拡散という葛藤に直面し，その危機を乗り超えた時，あるいはその過程で，青年は人格的活力としての忠誠を身につける。自ら選んだものに忠誠を尽くす能力，おびただしいエネルギーを注ぐことである。

　忠誠の能力はエリクソンによれば，「社会発生的な進化にともなって発達する人間的素養の一部」である。何かに自分をかける態度は，個人の努力や好みの問題ではない。市民社会の最良の倫理であり，個人にあっては人格全体を組織づける力になるものである。したがって，この能力の形成は，その人の生きている時代や歴史に規定される。また，その人を取り巻いている家族の人間関係にも影響を受ける。

忠誠（fidelity）：青年は両親が大切にしていること，両親の忠告には忠誠を尽くさないで，背くものに忠誠を尽くす傾向がある。こうしてこそ青年は親からの分離を体験し，自立することができるのである。

6　成人前期　〈親密性〉－〈孤独〉：〈愛〉

●親密性とは自分の同一性と他者の同一性を融合していく能力

　子ども時代は自己を中心に毎日を展開していくが，成人への移行は，他者の営みの中に自己をかかわらせていながら共に与えられた問題解決をしていくことが可能になる。

　この忠誠を前提として成人前期の親密性が獲得され愛が培われていく。自分の同一性と他者の同一性を融合していく能力としての親密性が愛によって支えられ，育成していく時には，そのようなかかわり合いが大きな犠牲や妥協を要求したとしても，必要な関係保持のため努力する。他者の立場に立って理解し，他者の活動を自己の中に組み入れつつ，社会へともに連帯していくことが求められる。自己の同一性が確立しているため，恐れることなく他者に対して優しさに満ちた関係をつくることができる。

感情移入（sympathy）:
①自分自身がいだいている"感情"を対象として関りをもっている相手に注入することによって相手に移行させる。そして自分の感情が移行されたのにすぎない対象の状態を相手自身がいだく感情状態として認知する過程について感情移入の語が用いられる。
②empathy の訳語として用いられる場合もある。この場合は"共感的理解"の共感の意味で用いられる。したがって感情移入と共感の意味は文脈にそって理解することが必要になる。

二者の望ましい相互関係:
（小口忠彦編　1983 p.124）

与える（giving）

自己拡大:
自己意識の拡大のこと。誕生以来、意志の現われによって「自分」という存在に気付く。「自己意識」の成立である。この自己意識は、集団、参加、交友、仕事、趣味、理想などを経験することで、自己という存在の「限界」が拡大するのであって、これが、「自己拡大」と呼ばれている。

生殖性（generativity）

　親密性には二つの側面がある。一つは相互の感情移入であり、他の一つは相互の欲求規制の能力である。自己と他者との間のわだかまりを取り去るために、互いの思いを取り入れつつ、時にはそれを規制するという異なる方向の動きがあり、そのバランスの上に成り立つものである。二者の望ましい相互関係が親密性をより望ましいものにしていく。

　孤独とは、個人が他者との関係を拒絶する孤立状態をいう。人間は一方で強く他者との依存志向をもちながら、他方、その関係を煩わしく思う。このような矛盾を多くの人はもっている。しかし、ある人々にとっては後者が前面に出て他者との関係をうとましく感じ、自分で自分の殻の中に閉じこもってしまう。積極的に集団の中で自己表示すると抵抗力を強く感じ、傷つけられるのでそこから逃避して自己感覚をこわさないように、専ら護りの姿勢をとって構えてしまい、遂に自己の中に埋没する結果となる。それは、一次的には自分の安全性、安定性をたもっているように見えたとしても、時間的経過の中で孤独の不安定性が表れてくる。

●与える愛

　愛はすべての発達段階でいろいろな形をとって結びついている。乳幼児が母親に全面的に依存し信頼しきっている愛、親をしたう想いのなかにひそむ子どもの愛、青年期の熱情的な愛、これらはそれぞれの発達段階における愛のあり方である。

　しかし、成人前期の愛はこれまでのものとは異なる。青年期までは愛される愛という受け身の愛が主流であるのに、この時期には、他人を愛する愛、他者に与える愛、能動的な愛が形成される。友情などもふくまれるが、愛の適用される範囲は家族中心である。忠誠→愛という順序でパーソナリテイの組織化が進む過程でこの「与える」ことによる愛によって自己拡大の機会を体験する。

7　成人中期　　〈生殖性〉－〈停滞〉:〈世話〉

●生殖性とは次世代への関心

　成人期は、包括的な意味で産み出すことの役割を担い、その役割を果たしていくことが発達課題である。世代から世代へと産み出されていくすべてのもの、それは子どもをはじめ、事物・技術・思想・芸術作品などをも含む広範囲のものを指すが、これらのものはすべて、人を介して産み出され創られ、育まれることを意味している。「生殖性は、本来、次の世代を確立させ導くことへの関心である」とエリクソンがいうように、生殖性とはこのように広義に解釈し、とらえなければならない。

　年取った世代が若い世代に依存している事実は、自分たちは子ども達に

とって必要な存在であるという自覚，次の世代への継承の責任を負っている
という自負にもとづく依存性のことである。必要とされることを必要とする
ということである。その要求が満たされない限り，生きがいの喪失というこ
とにもなりかねない。

●世話をすることで育てられる

世話とは対象にとって必要なように配慮すること，手をかけることである。
産んだ子どもを育てることから，よその子どもを育てること，他者への助力，
生活物資の生産，文化的な事物をつくることまで，その範囲に含まれる。す
なわち，世話とは「系統発生」としての次の世代の人たちへの愛である。育
む存在としての成人は幼いものの世話をしながら，世話をした対象としての
子どもからの働きかけを期待している。エリクソンはそれを「世話も相互補
完的である」ととらえている。「われわれは，他人から必要とされることを
求めるので，自分の生みだしたもの，育てねばならないものを護り，世話し，
そしてやがて自分を乗り超えるものからの厳しい働きかけをも必要とする」
と述べ，世話が大人から子どもへの一方的な働きかけでなく相互に生きて働
き合うものであることを明確にする。

未熟な姿で生まれてくる子どもは，自分の要求を充足するための援助を泣
くことにより求める。一方母親はこの泣き声の微妙な変化を理解してわが子
の要求が何であるかを聞き分け，子どもの世話をする。この相互性が成立し
たときに，親は親なりに，子は子なりに健全な成長・発達を遂げていくので
ある。この関係は教師と生徒間，人間と他の動物との間，人間と人間が創り
だしたものとの間にも成り立つのである。自己が創りだしたものから自己が
創られていく。この相互に影響し合う中で，文化が高められていくのである。

⑧ 成人後期 〈自我の統合性〉−〈絶望〉：〈知恵〉

●人生の終極

人生周期は個体発生的にみると，誕生から漸成の過程を経て，死に至る。
通常人間の死は，成人後期になって訪れる現象である。その意味で死は，成
熟による生成と種々の経験を通して学習する形成過程の中でもたらされるで
きごとである。「生から死へ」という方向性は一定で非可逆的なものである。
しかし，系統発生的な側面から把握すると，人生の究極を迎えることは次の
世代の台頭を意味し，子孫への継承・発展となる。一個の人間は死をもって
終極を迎えたとしても，新しい世代が浮上し，人々は今後の発展を期待し，
そこに望みを託すのである。

しかしながら，それぞれの段階での課題を果たすことができずに，自我の
統合ができないままで成人後期を迎えた人には，死の恐怖，人生への絶望が

世話（care）

相互補完性・相補性
（complementarity）：
対立しあっている双方は
それぞれ相手の特徴を欠
いている。それぞれに
“かけがえがない”とい
うところが“補い合う”
という関係の根拠になっ
ているのである。「もち
つ，もたれつ」の関係で
あり，「車の両輪」の関
係である。

文化が高められていく：
小口忠彦編 1983
p.140

成熟（maturation）

個体発生／系統発生
（ontogeny/phylogeny）：
発生（development）と
は，生物の系が時間軸に
そって変化することであ
り，一般的には単純な系
から複雑な系へ，さらに
は衰退という変化を指
す。個体発生とはそう
いった変化を個体レベル
でみた場合，系統発生と
は進化論的に種族レベル
でみた場合をそれぞれい
う。

おそってくる。

●人生周期の受容

人生，それは一回限りのものであり，独自なものである。この自己の唯一の人生周期を受け入れること，そこに「死に直面しながら生そのものへ何ものにもとらわれない関心をもち，身体能力の衰弱や知的能力の低下にもかかわらず，経験の成全性を維持し，それを他に伝える努力をする」ようになる。それこそ人間の知恵であり，英知である。

知恵とは，ありのままに自分を知ることによって，自己を受容することである。この知恵が成立するには「自我の統合性」の成立が必要である。知恵とは「自己洞察」に他ならない。

知恵（wisdom）

自我の統合性（ego-integrity）

自己洞察（self-insight）

❸ 養育者との関わりと発達

❶ 人への選好・他者の表情の理解

人への選好は，生後2か月頃から他者に向けて行われる社会的微笑が出現すること，生後3か月の乳児がヒトを模した人形よりも実際のヒトに対してより笑いかけ，発声を行うこと[13]などから確認できる。この社会的微笑は他者に対して無差別的に向けられていたものが，生後6か月頃になると養育者に特定的に向けられるようになる。

表情の模倣に関しては，新生児の段階で幸福の表情・悲しみの表情・驚きの表情を模倣する[14]ことが知られている。表情の写真を用いた研究では，生後3か月以降の乳児において刺激の表情が変わった際に，注視時間が長くなるという反応が見られ，さまざまな表情を区別していることが明らかとなった。また，音声による表出については3か月以降の乳児が音声による情動表出を区別することが知られている。

❷ 共同注意 ─ 二項関係から三項関係へ

二項関係：
「乳児（自己）」と「他者」または「乳児（自己）」と「もの」との二者間の関係を指す。

共同注意（ジョイント・アテンション）：
共同注意は，生後9か月頃から出現すると言われ，他者に見て欲しいものを指さす（指さし），他者が見ている対象物を乳児も見る（視線追従）など。「同じ対象に同時に注意を向ける」とともに，「お互いに何を見ているのかを知っている」ことを含む。

三項関係：
「乳児（自己）」と「他者」と「もの」の三者間の関係を指す。トマセロ（Tomasello）はこの三項関係の成立を「9か月革命」と呼ぶ。

乳児期の発達過程における特徴として，生後約9か月より前の乳児の認識世界は「乳児（自己）と他者」または「乳児（自己）ともの」という二項関係で成り立っているが，生後約9か月頃から，共同注意と指差しが可能となり，他者の指差す方向に視線を向けるようになり，「乳児（自己）と他者ともの」という三項関係になるとされている。三項関係が成立すると，乳児（自己）と他者以外のものも含めたコミュニケーション，たとえば，棚の上にある縫いぐるみを指差して，あるいは，もの以外にも窓の外に見える夕焼けを指さして大人と一緒に見ること等が可能になる。また，三項関係は言語の獲得においても，社会性・コミュニケーションの発達においても重要な指標の

一つであるとされ，自閉症スペクトラム障害をもつ子どもは，共同注意に代表される三項関係への参加に困難があるとの報告もある。

3 社会的参照

社会的参照（social referencing）

赤ちゃんの有能性(ゆうのうせい)（コンピテンス）の一つとして，「社会的参照」が知られている。社会的参照というのは，「他者への問い合わせ」のことであり，赤ちゃんが遭遇した出来事にどう対応したらよいかを養育者の反応をうかがって決めることをいう。その実験手続きとしては，図2－3のような装置の一方の端に，まず赤ちゃんを座らせ，もう一方に母親に立ってもらう。そして母親に，赤ちゃんを招(まね)いてもらうと，赤ちゃんは母親に向かってハイハイして行くが，約半分の距離のところまで行くと，下が断崖(だんがい)に見えるので止まってしまう。この時，母親がおびえた表情をしたり，怒った表情をしたりすると，赤ちゃんは，断崖に見える場所を渡ってハイハイして進むことはできない。

図2－3
視覚的断崖

4 愛着の発達

1 母子関係 － 親子の心のつながり

赤ちゃんは，日常的に抱いてくれたり，**あやし**てくれたりする等，頻繁(ひんぱん)に自分とやり取りをしてくれる人に特別の親しみを持つ。母親（養育者）との間に，生まれて間もないうちにそうした緊密な情緒的つながりが形成され，それが養育行動を引き出すことにもつながっている。

ボウルビィ, J. は，そうした養育者との間で形成される心理的結びつきを「**アタッチメント**」と名づけた。日本語訳としては「**愛着**」という用語が定着してきている。愛着という語は，日常でも「～に愛着がある」「愛着のある品」といった表現で用いられているが，ボウルヴィのいう愛着とは「特定の対象」への「特別な情緒的結びつき」のことである。赤ちゃんにとっていつも愛情をもって接してくれて，表情や動作や発する声の意味をわかってくれる，特定の人との関わりを持つことが重要なのである。

あやし：
赤ちゃんは特定の大人のあやし方を理解して，自分も体を動かしたり，声を出したりして，非言語的コミュニケーションのパターンが確立する。（バウアー，T.G.R., 1979）

アタッチメント
（attachment）

2 愛着のひろがり － 他者との関わり

赤ちゃんは，まず**特定の対象**として，母親（一人の養育者）への愛着を形成する。その後，やがて特定の人以外にも愛着の対象を広げていく。健全な愛着の発達は段階を経て進み，ボウルヴィによると4つの段階を経て発達していくとされている。それぞれの段階については次のように説明されている。

特定の対象：
愛着の対象は母親だけとは限らない

表2−1
ボウルヴィによる愛着の発達4段階

（中島他編『心理学辞典』1999　p.4等による）

人見知り：
一般に、生後8か月ころからみられる。スピッツは、「8か月不安」とよび、母親との「分離不安」の一つのかたちととらえた。ボウルヴィは、見知らぬこと自体がもたらす不安ととらえた。始まる時期や強さには個人差が大きいが、人見知りのピークは1歳ごろであり、徐々におさまっていく。第2章／5情動調整能力／3情動表出の発達（p.69）

安全基地・探索行動：
健全な愛着を形成した子どもは、愛着の対象（母親・養育者）といつも接触していなくても安全を感じることができるようになり、母親・（養育者）を安全の基地として探索活動できるようになる。第2章／2人間の発達過程／2幼児前期（p.52）

第1段階	●誕生から3か月頃まで
	人をみつめたり微笑んだりする。人に関心を示す。母親（養育者）以外の多くの人に対して同じような反応をする。愛着はまだ形成されていない。
第2段階	●3か月頃～6か月頃まで
	母親（養育者）の声や顔に敏感に反応するようになるが、その不在に対して泣いたり、不安を示したりすることはまだない。
第3段階	●6か月頃～2，3歳頃まで
	母親（養育者）に対する愛着行動がよりはっきり顕れてくる。母親（養育者）に続いて、他の家族も愛着の対象としてもつようになる。見知らぬ人に対しては、恐怖や警戒心が強くなる（『人見知り』）。母親（養育者）を「安全基地」とした「探索行動」がみられるようになる。
第4段階	●3歳頃～
	愛着の対象である母親（養育者）の動機や行動を洞察・推測できるようになる。それに合わせて自分の行動を調節しながら、協調的に愛着を満たそうとする。愛着の対象との身体的な接近を必ずしも必要としなくなる。

3　愛着の発達にみられる個人差

　上記のような愛着の発達は、順調なパターンであるが、実際には、大きな個人差がありさまざまなパターンがある。実験的にそれらを特定する方法としてエインズワース，M.D.S らによって開発されたストレンジ・シチュエーションという実験法がある。

　ストレンジ・シチュエーション法とは、ボウルヴィのアタッチメント（愛着）の理論に基づき、乳幼児の母子間の情緒的結びつきの質を観察し測定する実験法である。

　人見知りの激しい満1歳児が母親との分離と再会の場面でどのような反応をするかを観察する。実験の手順は図2−4のようなものである。

　以上のような分離・再会の場面における乳児の反応は、表2−2のようなA群，B群，C群に分類できる。ただし、乳児の反応は文化的影響（文化差）もあるといわれ、たとえば、日本の子どもは、ドイツ・アメリカの子どもに比べてB群にみられる反応が多く、ドイツの子どもはA群の反応が多く観察されるという。また、後に、実験により、A群，B群，C群にあてはまらないD群（不安定・無秩序型）の存在が加えられた。

　親子の相互作用に関しては、アタッチメント（愛着）の形成に関して多くの研究が積み上げられており、それらから次のような諸点が指摘されている。B群のような安定した愛着が形成されるためには、母親（養育者）が日常の関わりのなかで、子どもの出すサイン（シグナル）に対して敏感に反応しているかどうか、愛情を持って子どもを抱くなどの身体的接触やことばをかけているかどうかが大切であるといわれている。子どもは、親によって守られ

ていると感じ信頼関係ができていると、母親（養育者）を「安全基地」としてまわりを探索していくことができる。「人見知り」をするのは、信頼関係のできていない見知らぬ人に対して不安を感じるからであろう。

安定した愛着のなかにいる子どもはそうでない子どもと比べて、社会的・情緒的・人格的に適応的な発達がみられるといわれている。

このような愛着の発達に関する実験結果からの示唆として、保育現場において新入園（所）したばかりの子どもが登園時に母親や父親等の保護者と離れる時に激しく泣いても、お迎えの保護者との再会の時にB群の子どものような反応であれば、むしろ望ましい親子の愛着形成がしっかりできている証左と言えるであろう。保育者が愛着の発達について正しい知識を持ち、こうしたことを保護者に伝えることができれば、初めて保育所に子どもを預ける保護者の不安を拭う、安心の贈り物となるのではないか。

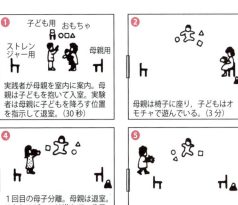

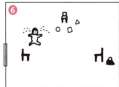

図2-4
ストレンジ・シチュエーション法

群	分離	再会	母子間の情緒的結びつきの質
A群（不安定・回避型）	泣かない悲しむ様子を示さない	母親には近づかない（避ける・無視する。近づいても、視線をそらしたり顔をそむけたりする）	母親への結びつき薄い
B群（安定型）	泣く	母親を歓迎する行動を示し、身体的接触を強く求める➡安心	母親への信頼感
C群（不安定・アンビバレント型）	激しく泣く	母親に身体的接触を求めるが、同時にたたくなど怒りの感情を示す。なかなか泣きやまない。母親を無視する傾向はない。	母親に十分な信頼感を持っていない

表2-2
ストレンジ・シチュエーション法―分離と再開場面における乳児（満1歳）の反応

（中島他編『心理学辞典』1999 p.476に基き作成）

（前頁）適応的な発達：愛着関係の形成の個人差には，子どもの気質（→コラム「気質」）の影響も考えられる。

> ●コラム　気　質
>
> 　小さい頃の気質は大きくなってからの問題行動と関係があるのでしょうか。
> 　まず，気質とは何かということですが，心理学辞典では，気質について「個人の示す情動反応の特徴を気質という」「パーソナリティの基盤をなす個人の特性であると考えられている」（中島ら編，1999，p.160）と説明されています。
> 　「乳児にも，複数の行動特性において個人差がみられ」，「それが一定期間持続することがあきらか」（中島ら編，2005，p.335）になっており，「生後のさまざまな養育環境と相互作用を繰り返しながら，安定したり変化したりする可変的なものである。」（前掲書，p.335）とされています。
> 　たとえば，気難しさをもつ子どもであっても，親がそうした子どもの気質に受容的で安定した家庭環境に恵まれると大きな問題を生じることなく発達する，という縦断的研究があります。
> 　これらのテーマには，まだ定説はなく研究途上といえますが，親だけでなく，子どもの人的な環境要因として大きな役割を果たすことになる保育者としては，心に留めるべきテーマではないでしょうか。

4　仲間関係

1　幼児期の仲間関係

　子どもは，家庭での親やきょうだいとのかかわりや，保育所や幼稚園，地域社会等での多様な人との出会いや交流の経験を重ねていく。他者（人）との関わりの重要性は，乳幼児期から老年期まで，人の生涯を通してのものといえる。しかし，近年の少子化の進むなかで，きょうだい関係を経験しない子どもも増えている。また，都市化により家の近所で子ども同士が自然に交流する機会もかつてに比べると少なくなっている。こうした現代の社会状況においては，保育所や幼稚園のような子どもの集団生活の場が，仲間関係の形成や発達のために従来以上に重要になったといえる。子ども同士の遊びの経験，けんか・いざこざを含む多様な仲間関係から身につける力は，幼児期以降，児童期青年期の対人関係，コミュニケーション・スキルの発達につながっていく。しかし，少子化・都市化による問題に加えて，スマホゲーム等，遊びのスタイルにも変化がみられ，鬼ごっこのようなポピュラーな遊びでさえ，保育者が遊び方を教えることもあるという。社会性を発達させる機会が減少していることが危惧されている。

　子どもの経験する人間関係のなかでも，同年齢や異年齢の子ども同士の遊びや活動における，自然なかかわりにはとりわけ大きな意味がある。とくに，同じような発達段階にある子ども同士では，ものの所有をめぐるけんかや意見のぶつかりあいがしばしば生じる。たとえば，年少のクラスでは，玩具や絵本等

の取り合いなどで叩いたり，ひっぱったりといったいざこざがよく起こる。自分の思いやイメージを言葉で十分に伝えることも，我慢したり相手の気持ちを思いやったりすることもまだ難しい段階である。そうしたいざこざの経験を重ねるうちに，3歳くらいになると自分の思いを通すばかりでなく，相手の気持ちにも気づき寄り添う心が芽生（め ば）えてくる。いざこざ・葛藤（かっとう）の経験は共感性の芽生えを促進（そくしん）する好機（こうき）といえる。

❷　社会的参加 － 幼児期の遊び，仲間関係の広がり

　子どもは遊びを通して多くのことを自然に学び，様々な能力も身につけ成長発達していく。子どもたちで遊んでいる時，ただ走り回っているだけで実に楽しそうに笑いあったり，大型積み木を協力して運んでは積み上げていくだけで満足そうであったりする。一方で，遊んでいるうちにいざこざやけんかも起こる。時には，折り合いがつかなくなってその場から離れていく子どももいる。けれども，しばらくすれば戻（もど）ってきてまた遊びに加わっている。衝突（しょうとつ）することがあっても**仲間に入りたい**，一緒に遊びたいのである。

　遊びについては，発達的な観点から諸分類がなされているが，パーテン（1932）は，子ども同士のかかわり（社会的交渉形態）による6段階の分類をしている。幼児を対象に，子どもはどのように仲間関係を構築・発展させていくのか，子どもの相互交渉（そうごこうしょう）のしかたを観察し，子どもの遊びを分類したものが，表2－3である。ひとり遊びや平行遊びの段階から，年齢とともに，しだいに他の子どもと一緒に遊べる（連合遊び）ようになっていき集団への

仲間に入りたい：
マズロー（Maslow,A.H.）の欲求階層説によれば，人は誰もが愛情と自分の所属する集団を欲するという。

パーテン（Parten, M.D.）

参加度が高まる。子ども同士のコミュニケーションが深まり，役割分担のある 協同遊びへと発展していくという。遊びの広がりは人間関係の広がりといえる。ただし，ひとり遊びは，協同遊びもできる年長児にもみられ，必ずしも発達レベルの未熟な形態を示すものではない

表2－3
パーテンの遊びの分類

	（何にも専念していない行動）
2，3歳児	↓ 傍観的行動－他児の遊びを見ていて，時には声をかけたりする ↓ ひとり遊び－他児とは関わらず，自分の活動に専念している遊び ↓ 平行遊び－他児のそばで類似した遊びをするが，互いに独立していて関わり合いや会話のやり取りはない状態の遊び
4，5歳児	↓ 連合遊び－同じ一つの遊びをし，やりとりのある遊び ↓ 協同遊び－共通の目標があり，ルールや役割分担がある遊び

❺　情 動 調 整 能 力

❶　情 動 調 節

　乳児は母親の気持ちを敏感に感じ取る。スターン,D.N.が研究し，多くの人に実証されているように，乳児は「無様式感覚（むようしきかんかく）」という超能力や直観によく似た原始的な感覚のアンテナをもっている。これは，様式のない感覚，つまりいかなる感覚様式にも共通して伝わる感覚で，ものの動きやリズム，強

無様式感覚（amodal perception）

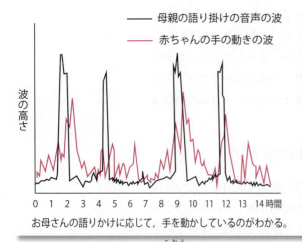

図2-5
母親の語りかけと赤ちゃんの手の動きの関係

(小林登 2000)

情動調節
（affect attunement）

弱や流れであり，光のゆらゆら，風のそよそよといった感じである。乳児はすでに胎内で無様式感覚を識別し，快いリズムやなめらかな刺激には心身を開き，緊張や強い刺激には心身を閉ざしてしまう[15]。

　この無様式感覚のレベルでお互いに相手と波長を合わせ，気持ちを共有している情動や行動の状態を「情動調節」という。母親が乳児を見つめることや言葉がけをすると，乳児は喃語を発するなど，乳児と母親は声や身体の動きや視線の動きなどを自然に呼応させている。図2-5は母親の語りかけと赤ちゃんの手の動きを定量化し，同調しているかどうかを数量的に表したものである。このような無様式感覚と情動調節などによる母子の相互作用を通して乳児のこころは開いたり閉じたりするのである[16]。

2　情動の調整

　情動は生後間もない新生児にも備わっている。しかし，この時期にはネガティブな情動を自分で調整する能力はない。が，生後5～6か月頃になると，泣いていた子どもが養育者のなぐさめや環境の変化，あるいは偶発的な行動によって泣きやみ，まわりの様子を伺ってから，また泣くことを始めるということがある。自らの感情を調整するのである。情動調整とは，表出された情動を何らかの方法で適応的な方向に，あるいはコミュニケーションを円滑にするために調整・制御することをいう。

　また，他者を介した調整だけでなく，指をしゃぶったり，身体をゆらしたりして，自分で自分の不安やつらい気持ちを，調整することもする。生後6か月頃から自身の感じる苦痛を和らげるために，苦痛を感じさせる対象から目をそらせたり，指を吸ったりの自己慰撫反応を行う。身体認知能力が発達すると，生後12か月以降はその場から離れる身体的回避や自分の力で気をそらす方略をより多く使い始める。

前頭葉（frontal lobe）：大脳のなかで前方に位置する部分。そのなかの一番前に位置する前頭前野（prefrontal cortex）は高等動物ほどよく発達している。この部位は推理，判断，計画，評価など，高次機能に関わっていることが明らかになっている。

　人生の8つの階層（段階）のそれぞれで危機を乗り超えて発達課題を達成するが，例えば乳児期には，不信より信頼できる経験を多くすると，自己の情動を調整し不信を乗り超えることができるという。幼児前期も幼児後期も同様である。行動を抑制して精神を集中するなど，人間としての重要な役割を果たす脳である前頭葉は思春期・青年期までゆっくり発達することが報告されている。人との関わりの中で情動を共有し，情動調整能力を発達させていくことが大切である。泣いても放っておかれる，怒鳴られる，手荒な扱い

を受ける等，人との温かい関わりが少なかった子どもには情動調整能力は育ちにくい。

❸　情動表出の発達

　新生児は，空腹などの不快感を，からだ全体を動かして泣き，まわりに知らせる。まわりの大人は新生児の世話に動く。生後2か月の乳児は母親の姿が見えなくなると不安を感じ，からだに変調が生じることもある。4か月頃には急に泣き出す。これは分離不安によるものである。

　赤ちゃんの微笑みは新生児期の自発的微笑から始まるが，これも自分では動けない新生児が親を自分の方にひきつける働きをもつとも考えられている。

　表出された子どもの情動は，まわりの大人たちを動かす。個人差はあるが，生後5〜6か月頃になると，乳児は見知らぬ人を見ると，急に泣き出したり，母親にしがみついたりするが，これは「人見知り」である。「8か月不安」ともいう。知っている人と知らない人を識別する能力が発達してきたことによる。

　しかし，表出された情動が自分や他者にとって好ましいものでないこともある。何に対しても「イヤ」という拒否性（ネガティヴィズム），情動の爆発，反抗などであるが，拒否も反抗も，子どもの発達には意味のある重要なことである。

　情動表出の全般的な発達傾向は次の通りである。これは，心身の発達，特に自我の発達によるところが大きいと考えられる。

❶　未分化で漠然とした全体的表現から部分的特殊表現へ変容する
❷　外面的表現から抑制された内的体験へと変化する
❸　反応の持続時間が長時間化する
❹　表現が穏やかになる
❺　身体表現が減少し，言語表現が増加する
❻　情緒的安定性が増加し，情緒的反応の頻度が減少する
❼　反応が多様化する
❽　行動からの推測が困難になる
❾　表現形式や反応における個人差が増大

❹　心　の　理　論

　1980年代より，発達心理学の貴重なトピックの一つとして，他者の考えや気持ちを正しく推測する「心の理論」の問題が研究されてきた。以下は，幼児の「心の理論」の発達を調べるためによく用いられる「誤信念課題」といわれる課題である。

分離不安（separating anxiety）

赤ちゃんの微笑みの発達段階：
赤ちゃんの微笑みは，ことばや感情，ひいては知能，身体の発達をも促進するものである。

人見知り：
スピッツ,R.A. は「8か月不安」と呼んでいる。幼児期の人見知りは不安感情，羞恥，戸惑い，緊張感などが，複合したものである。

図2−6
感情表出の発達傾向

（高野　1975）

心　の　理　論（theory of mind）

> ● 誤信念課題
>
> ● 《登場人物の２人の間の理解のズレがわかるかどうか》
>
> 　Ａちゃんは，チョコレートを戸棚に入れて遊びに出かけました。
> 　お母さんは，Ａちゃんがいない間にチョコレートを戸棚から冷蔵庫に移しました。
>
> 　➡　帰ってきたＡちゃんはチョコレートを食べようと思って……。
>
> さて，Ａちゃんはどこにチョコレートがあると思っていますか？
> （どこからチョコレートを出そうとしますか）

　４歳前後から下の子どもは，実際に今チョコレートが入っている「冷蔵庫にあると思っている」と答える。４～５歳くらいになると，「本当は冷蔵庫に入っているが，Ａちゃんは戸棚に 入っていると思っている」と答えることができるようになる。

　たとえば，お医者さんごっこをする際に，「Ａちゃんはお医者さんの役，お熱があるのはＢくん，Ｃくんは○○の役……。」といった割り当てをして遊ぶ「ごっこ遊び」では，一緒に遊んでいる仲間（相手）がどのようなつもりなのか，心を推測（理解）しながら遊びを展開していく。人の心を理解する力，「心の理論」の発達が遊びや仲間関係の広がり・深まりに関わるのである。

5　自己主張・自己抑制

　筆者らの行った保育者へのアンケート調査結果[17]によれば，近年，保育現場では保育中じっとしていない，気に入らないことがあると物を投げたりあばれたりする，まわりの子どもにつられて動いてしまうといった子どもの様子が目立つという。幼児なりに自分がどのように行動したらいいのか見通しや方向性をもって行動する力が弱くなっていることが窺われる。こうした脆弱性に関して，自己をコントロール（制御）したり，実行（遂行）したりする機能（実行機能・遂行機能）の発達について注意深くみていく必要があると思われる。

　自己コントロール（自己制御）には，「（遊びに）入れて」・「いや」等，自分の希望や意志をはっきり伝える自己主張と，自分の欲求や衝動を抑える自己抑制と，２つの側面がある。ともに，３歳から５歳にかけて大きな伸びや質的変化がみられるといわれている。自己を制御する力の育つ幼児期に両側面がバランスをとって育まれていくよう，大人の配慮が望まれる。また，貧困家庭の子どもに自らの行動を実行（遂行）する脳の部位に発達の遅れがみられるとの研究[18]からの示唆によれば，現代の子どもにみられる脆弱性に

実行機能（遂行機能）（executive-function）：認知機能のなかで司令塔的な重要な役割をする機能であり，目的を達成するために見通しをもって計画的に実行する機能

自己制御（Self-Regulation）

ついて子どもの貧困との関連も考えられよう。

6 社会的観点の取得

　自分のことを話したい，分かってもらいたい子ども同士が，他者との関係を維持していくためには「自己」の視点と「他者」の視点の両方をもち，それらを調整する能力が必要である。

　セルマン,R.L. は対人的発達の背景にはその中核となる社会的観点調整能力が存在すると仮定し，対人関係を見る観点がどこにあるかにより，その発達段階を区分している[19]。観点は，自己中心的なところから，次第に自己中心性を抜け出し，相手の立場に立ち，さらにはその両者を超えてより広い大きな立場に立つように移行し，成熟していくのである。

表2－4
セルマンの社会的観点取得の発達段階

　正常な対人的発達は，自律性（分離と個性）と親密性（自他の統合）の二つの能力を通じて達成される。自律性とは，自他を区別し，自他の欲求間に葛藤がある場合，自分の欲求を他者の欲求と関連させて理解し，調整し，交渉する能力のことであり，親密性の能力とは，他者と経験を共有する能力のことである。そして，この二つの社会的調整過程がどのようであるかにより，レベル0からレベル4までの発達段階を設定している（表2－4）。

レベル	年齢	社会的観点
0	おおむね 3〜7歳	自分と他者の観点の区別が難しい
1	4〜9歳	自分と他者の観点が同じか違うかを理解する
2	6〜12歳	他者の観点に立って自分を振り返り，行動できる
3	9〜15歳	第三者的な観点をとることができるようになる
4	12歳〜 成人	個々の主観的観点を理解し，法的・道徳的観点に一般化される

　社会的視点の発達を促進（そくしん）するためには，発達的により高い自律性と親密性をうながす環境を作り出すことが大切になってくる。

6 道徳性の発達

1 道徳性の芽生え

　人間が所属する集団に適応して生活するためには，道徳性を身につけることは必要不可欠のことである。道徳性とは一般に，自分が所属する集団の善悪の基準に基づいて自分や他人の行動を判断することであり，またその基準に基づいて行動しようとする傾向である。

　新生児に道徳意識はない。新生児は快楽原理が行動を支配する。この段階では善と快は未分化（みぶんか）である。生後8〜9か月頃成立する社会的参照とは乳児が主体的に親や保育者の気持ちや考えを参照することで，道徳性の芽生えともいうべきものである。乳児はどのような行為が認められるか否かを社会的参照によって知る。

快楽原理（principle of pleasure）

社会的参照：
初めて出会った状況にどのように対処したらよいかわからない時，母親を見て，その表情（に現われる感情）を手がかりにして対応すること。
第2章／❸養育者との関わりと発達／❸社会的参照（p.63）参照

幼児前期には自己意識が成立し，身体レベルでの自律が始まる。自律とは意志によって行動を自己制御することである。身体のレベルではあるが，自分で自分を律するのである。自律により幼児は基本的生活習慣を身につけ，自立する。自律に失敗すると，羞恥や疑惑を体験する。この時期には自我理想の原型も見られるようになる。

こうした，幼児が体験する自律，羞恥，疑惑は，自分の意志で自分の行動を律することや，責任をとることの重要性に気づかせ，人間的成長や心理的成長を促進することになる。

1歳半の子どもが鼻に口紅がついていると恥ずかしいと思うことは，容姿に関する内的基準を反映していることと考えられる。また，2歳の終わりまでにボタンがとれている，本のページが破れている，おもちゃが壊れていることに対して高い感受性を示す。これはモラルセンスの現われといえる。

親の関わりは幼児期の道徳性の芽生えにどのように影響するか。ボームリンド，D. は，威厳のある関わり方が，社会的責任感や協力，仲間との友好的関係，向社会的行動と関連していることを示し，ホフマン，M.L. はしつけをするときに理由を説明することが罪悪感や共感を育むことに有効であるといっている。また，リコーナ，T. は，親が専制的，独裁的に子どもを統制しようとすると子どもは反抗するが，親が公正的であろうと努力していることを感じると，子どもは親のいうことをきく傾向があるという[20]。

2　向社会的行動 － 思いやりや協調性

思いやり（向社会性）がもてるようになるためには，相手の考えや気持ちを正しく読みとる認知上の発達（「心の理論」の獲得）が必要である。「心の理論」が成立するのは，4歳前後からである。また，徐々に相手の視点に立ってものごとを見ること（脱中心化）ができるようになるのもこの頃からであり，思いやりのある行動（向社会的行動）も少しずつできるようになっていく。仲間とのさまざまな遊びや活動を通して，きまりやそれを守ることが必要であることにも気づいていく。5，6歳頃になると，鬼ごっこ等を異年齢の集団で行うときには，年少の子どもも一緒に楽しめるようルールを工夫したり，追いかけるスピードを加減したりといった配慮した行動もできるようになる。協力したり助け合ったりして遊びながら，しだいに思いやりや協調性，道徳性も身につけていく。

3　攻撃行動 － 関係性攻撃

かつては，まだ園児の年齢ではいじめはみられないといわれていたが，2000年頃より園児にもいじめとみなされるような攻撃行動（関係性攻撃）が観察された事例が報告[21][22]されている。攻撃行動のうち，関係性攻撃とは，

自我理想：
これにより自律的な羞恥が生じる。これは，自分が自分に恥ずかしいことで，失敗を他者に見られて恥ずかしいという他律的な羞恥とは異なる。

心の理論：
第2章／**5**情動調整能力／**4**心の理論（p.69）参照

仲間関係を操作することによって相手を攻撃すること，無視や仲間はずれ等である。文部科学省調査によれば，全国の小中高校などで 2017 年度に把握されたいじめの件数は過去最多，特に小学校 1 年～ 3 年での増加が指摘されている。同調査の小学校の結果としては，「冷やかしやからかい，悪口や脅し文句，嫌なことを言われる 」（61.4 ％），「軽くぶつかられたり，遊ぶふりをして叩かれたり，蹴られたりする」（23.2 ％），「仲間はずれ，集団による無視をされる」（14.3 ％）等である。幼稚園や保育所等の園児のいじめについては，こうした全国規模の調査は実施されていないが，いじめの定義の変化等の影響があるにしても，小学校低学年におけるいじめの増加との関連等，今後丁寧にみていくことが必要であろう。また，関係性攻撃を高く示す子どもは，規律性スキルに欠けるものの，友情形成スキルや主張性スキルについては比較的優れていること，教師に対して良好な社会的スキルを用いていること等が示唆されたとする研究報告[23]や，関係性攻撃を多く行う幼児に共感性（中でも相手の感情の推測）の高さや，状況によらず攻撃は悪いという判断等，社会的能力の高さが示唆されたとする研究報告[24]もある。今後の研究に注目しながら，保育実践において幼児期にみられる関係性攻撃への対応について熟慮していくことが求められる。

文部科学省調査：
「平成 29 年度 児童生徒の問題行動・不登校等生徒指導上の諸課題に関する調査結果について」

4　子どものうそ

うそには意識的なうそと無意識的なうそがある。想像力が発達してくると幼児は，想像の世界で自分が主人公になったり，できたらいいなと思っていることを，現実にあることのように話したりする。これは無意識的な，想像力の発達による「うそ」である。

しかし，4 ～ 5 歳になると，自分を守るためにうそをつくようになる。子どもは叱られたくない一心で自分を正当化する。そういう時には，うそをつくことはいけないことであることを教えなくてはならない。

うそ（lie）

5　ルールの理解

幼児の集団遊びでは，おもちゃや遊具の取り合いでケンカが絶えない。おもちゃや遊具を順番に使うということはどのようにしたらできるようになるのであろうか？

3 歳までの子どもは，自分と他人の区別が十分にできないので，自分のものもまわりのものも全部自分のものと感じている。よって，この年齢でおもちゃや遊具を独り占めするのは仕方がない。しかし，貸したり借りたりする遊びを幼いときからしている子どもは，貸すことのできる子どもになる。

幼児は，自分の目的や欲求にかなったことに対してだけ，ルールを適用する。幼児のいう「ジュンバンコ！」は「私の順番よ」という意味である。

「順番」を守ることができるということは，後で自分の順番がまわってくることが予知できること，そして，それを期待して待つことができることである。「今，したい」という自分の気持ちを抑え，「もうすぐできる」自分の姿を想像して我慢することは自分の行動の結果を予測することで，3歳以下の幼児にとっては難しいことである。しかし，幼児はこうしたことを遊びや生活の場で，仲間との衝突や大人の仲裁，援助を得ながら体得していく。

6 道徳性の発達

ピアジェ J. は幼児期から児童期，青年期にかけての道徳性を2つの段階に分けている。第1段階は4歳から10歳までの段階で，この段階の子どもは知的発達により自己中心的思考から少しずつ脱して他者の水準に従えるようになるが，その基準については，規則はあくまで規則で，それに従わないことは悪といった紋切り型の判断をする。まだ柔軟には考えることができない。この段階は道徳的現実主義といわれている。

その後，認知の発達とともに，規則は人が作ったものであり，人間関係にとって必要なものが規則であるなどと，柔軟に考えられるようになる。第2段階は道徳的相対主義の段階であり，集団のメンバーの同意があれば，規則を変更することも可能であるという考え方ができるようになる。

彼はまた，子どもたちに故意と過失の2つの内容を含む物語を聞かせ，善悪の判断を求めた。その結果，善悪を物的損傷の量で判断する結果論的な立場から，3〜9歳を境に，行為の動機を判断の根拠とする動機論的な立場へと発達することを見出した[25]。

ピアジェの考え方を基に，どのような判断基準で道徳的行動を起こすのかという「道徳的価値判断基準」の発達をモラルジレンマという方法を用いて調べようとしたのはコールバーグ L. である。彼は，道徳性の発達を3つの水準と6つの段階で示している。

道徳性は成長発達の段階で知能や認知の発達とも関連しながら，その段階で出会う規範を伝える大人，その規範のモデルとなる人間，認知的葛藤を生じさせる対等の仲間との経験などさまざまな人間関係の中で育まれる。

そして，子どもの道徳性は，大人の判断に依存する「他律的段階」から自己の判断を重視する「自律的段階」へと移行するのである[26]。

行動の結果を予測する：
エリクソンのいう「目的」である。

道徳性：
ピアジェの道徳判断の発達的変化に関する説や，コールバーグの道徳判断の発達段階説（3水準6段階）等がある。

モラルジレンマ：
彼が用いた代表的なジレンマとは「病気の妻を助けるために高価な薬を盗むことを認めるか認めないか」というジレンマ状況で，それに対する反応から，道徳的反応の発達を調べようというものである。その例に出てくる夫の名をとって，「ハインツのジレンマ」と呼ばれている。

表2-6
道徳性の発達段階

（コールバーグ L.）

水準Ⅰ 前慣習的段階	
1	大人の示す賞罰に従順である段階
2	自分の損得を重視し，自分に都合のよいことにだけ道徳的な段階
水準Ⅱ 慣習的段階	
3	周囲の期待に応えて「よい子」になろうとする段階
4	規則には従わなくてはならないという規則至上主義の段階
水準Ⅲ 脱慣習的段階	
5	規則を尊重しながら個人の権利にも配慮できる段階
6	社会の規則を超えた本質的な判断が可能になる段階

第2章　子どもの発達過程　75

7　子どもの学び － 生活・遊びを通した学習と動機づけ

　人間のこころの成長・発達は生涯続くものであるが，とりわけ，乳幼児期の発達の重要性がいわれている。子どもは日常生活のさまざまな経験や遊びを通して知識や態度・行動などを学び身につけていく。近年，子どもを取り巻く自然環境も社会的背景も著しく変化し，入園してくる子ども達の発達に関して，個人差だけでなくさまざまな変容もみられるという。子ども一人一人に寄り添い，それぞれの発達に応じたやる気・意欲（動機づけ）を支える保育者の働きかけが従来以上に求められるようになってきている。学習の理論と幼児期の学びの事例については第3章に詳述されている。ここでは，学習理論と動機づけ理論の基礎に触れ，子どもが自ら進んで活動に取り組むために，人的環境としてかかわる保育者が何を大切にすべきなのか考えてみたい。

1　学　習

　心理学では，文字の読み書きや数の勉強だけでなく，経験を通じて知識や環境に適応する態度・行動のしかたなどを身につけ，永続的な変容が生ずることを学習という。学習理論には，古典的条件づけ（レスポンデント条件づけ），道具的条件づけ（オペラント条件づけ），社会的学習理論などがある。

　古典的条件づけとは，無条件刺激と条件刺激を一緒に提示（対呈示）していると，条件刺激だけで無条件刺激がなくても無条件反応（反射）を起こすように条件づけがなされるというもの。パブロフによる犬の実験があり，レスポンデント条件づけとも言われる。また，ワトソンによる赤ちゃんに恐怖の感情が条件づけられた実験もある。道具的条件づけ（オペラント条件づけ）は行動が報酬によって強化され学習するというもので，スキナーの実験がある。社会的学習理論には，バンデューラの提唱した観察学習（モデリング）がある。観察学習（モデリング）とは，他者の行動やその結果をモデル（手本）として観察することにより成立する学習であり，観察者の行動に変化が生ずることをいう。

　観察学習（モデリング）についてはバンデューラの実験が有名であるが，保育現場において子どもが保育者の行動を見て真似ること（模倣）は日常的によくみられる。たとえば，ある保育園2歳児の例では，自由遊びの時間にお人形と小さなハンカチを持っていつも午睡している場所へ行き，お人形を寝かせてハンカチをかけ，子ども達自身が保育者にして貰っているように『ねんね〜』とお腹をトントンしたり，お友達のスタイが濡れているのを確認して，タンスからお友達の新しいスタイを持ってきてつけてあげたりする姿など。2歳前後でも保育者の一挙手一投足を驚くほどよく観察して学習していることが窺われる。意図的な教育によるだけでなく保育者や子ども達同士

パブロフ（Pavlov,I.P）**の犬の唾液の実験：**
エサ（肉粉等）の生理的な刺激（無条件刺激）に先行して別の刺激（条件刺激）与えていると，条件刺激だけで唾液が出る（条件反応・反射）ように条件づけがなされる（学習の成果）という。
第3章／2乳幼児の学びの過程と特性（p.112）参照

スキナー（Skinner,B.F）**の実験：**
レバーを押せばエサが出てくる仕掛けの箱（スキナーボックス）にネズミを入れ，動き回っているうちに偶然にレバーを押してエサが出てくるうちに，ネズミがレバーを押す行動を学習する（条件付けの成立）という。
第3章／2乳幼児の学びの過程と特性（p.112）参照

バンデューラ（Bandura,A.）**の実験：**
モデルが登場して人形に攻撃行動をする映画（異なる3つの結末）を，それぞれ3つのグループの幼児にみせた結果，いずれの結末の映画を観たグループの幼児も攻撃行動が上昇したという実験。（攻撃行動の上昇率については，他のモデルが登場してモデルの攻撃行動が称賛されたり評価されなかった結末よりは，罰せられた結末の映画を観たグループの方が低かったという。）

模倣：
模倣には，目の前のできごとをその場で真似るのと，記憶の発達により，時間が経過してからみられる遅延模倣（延滞模倣）とある。第2章／3記憶の発達／（p.90）参照

から観察学習された行動が広範に伝播していくことが推察される。

学習性無力感：
第3章／**❶**乳幼児期の学びにに関わる理論／**❸**オペラント条件づけ（p.106）参照

セリグマン（Seligman, M.E.P.）**の実験：**

> ●コラム● 学習性無力感
>
> 　学習性無力感とは，回避が不可能な場所で，対象に嫌悪刺激が与え続けられるとほとんど動かなくなり，回避が可能な状態になってもその刺激を受け続けるようになり，別の状況でも般化が起こり，新たな回避行動の学習ができなくなることをいう。セリグマンの犬による実験があり，無気力症（アパシー）や抑うつに繋がるとも考えられている。

❷　動機づけ － 子どものやる気

　動機づけとは，「行動の理由を考える時に用いられる大概念であり，行動を一定の方向に向けて生起させ，持続させる過程や機能の全般をさす」（『心理学辞典』有斐閣　1999　p.622）と定義されている。保育や教育においては，やる気や学習意欲に相当する。

　動機づけには，「内発的動機づけ」と「外発的動機づけ」があるとされている。内発的動機づけとは，その活動自体をすることで達成感や満足感を得ることを目的とする動機づけで，報酬を得るため，または罰を避けるためではない。たとえば，誰にも褒められたり強制されたりしなくても知的好奇心から勉強する，保育所や幼稚園の子どもたちが興味を持った活動に繰り返し取り組み続けるのは内発的動機づけによるといえる。幼児教育・保育において，子ども自身の興味・関心を引き出して伸ばしていくことは，内発的動機づけを育む取り組みともいえる。

　一方，外発的動機づけとは，外的な報酬によるものである。たとえば，試験に合格するため，よい成績をとりたい，ほめられたい，強制されて怒られないために勉強するというのは，外発的動機づけによるものといえる。

❶　内的満足感

　内発的動機づけは，外的な報酬や罰などにより動機づけられる外発的動機づけよりも，内的な満足感（自己決定感やその活動を通して得る有能感）のための動機づけであり，質の高い行動が長く続くとされ教育において重視される。しかし，将来自分がやりたい仕事に就くために勉強して資格を取るといった場合のように，外発的動機づけといっても必ずしも望ましくない動機づけとは言えない。また，外発的動機づけの報酬として言葉でほめることについては，承認欲求が強いといわれる幼児期には，場合によってはほめて外発的に動機づけすることに効果がみられることもあろう。しかし，報酬の影響についての研究から明らかにされてきている諸点に配慮する必要がある。

❷　報酬の効果・影響 － アンダーマイニング現象とエンハンシング効果

　報酬について考慮すべきこととして，アンダーマイニング現象（効果）と

エンハンシング効果があるとされている。

　アンダーマイニング現象（効果）とは，子どもが内発的に行っている行動に対して報酬を与えることがかえって動機づけにとってマイナスとなる，すなわち，やる気・意欲を阻害するという現象である。一方，エンハンシング効果とは，子どもが内発的に行っている行動に対して報酬（ほめる）ことで一層やる気を示すようになるという現象をさす語である。ただし，直接的なほめ言葉はやる気・意欲を引き出す機能はあるが，ほめられることを目的としてしまう可能性があることも指摘されている。アンダーマイニング現象（効果）もエンハンシング効果も内発的動機づけによる行動に対してほめることによって生じる効果であり，どちらが生じるかは，何をほめるかによって決まるといわれ，行動をしたことをほめるとアンダーマイニング効果が生じるようになるが，上手にできたことなど，どのような行動をしたかをほめるとエンハンシング効果が生じるとされている。ほめるという言葉による報酬だけでなく，お絵かきに対する報酬としてシールを与えるといった実験も行われ，内発的に動機づけられた行動に対する報酬はアンダーマイニング現象（効果）が生じることが報告されている。子どもが興味や関心を持って自ら行動している場合はアンダーマイング効果が生じないような配慮が必要である。

●コラム● "我慢（自制心）"は学習できる？育てられる？

　子どもの自制心（我慢）と将来の成功について，発達心理学の分野で知られている「マシュマロ・テスト[27]」という実験がある。

●実験方法
　静かな気の散るような玩具等が何もない部屋の椅子に子どもを座らせる。机上の皿にマシュマロを一つのせる。「私が戻ってくるまで15分間食べるのを我慢できたらマシュマロをもう一つあげる。私がいない間にそれを食べたら二つ目はなし。」と言って子どもを一人にして部屋を出る。

　結果，マシュマロを食べずに我慢できた子（4歳）は，全体の3分の1。
　マシュマロ・テストは，目先の欲求を我慢する（1個目のマシュマロを食べずに我慢する）ことと将来のより大きな利益（2個目のマシュマロを得る）とを比較して，自己の衝動や感情をコントロールできるかどうかを測定している。
　さらに，マシュマロを食べるのを我慢できた子・できなかった子へのその後何十年にもわたる追跡調査により，自制心と成功との関連を調べた結果，次のような特徴があることが報告されている。
　たとえば，大学進学の適正試験（SAT）の点数が高い（←遊びたい気持ちを我慢して勉強することができる），肥満が少ない（←食欲を我慢できる），ドラッグやギャンブルへの依存が少ない（←誘惑に負けないでいられる）等々で，これらには自己の衝動や欲望をコントロールし忍耐する力がかかわっている。将来のより大きな成果のために，目先の欲求を我慢する能力（自制心）が高いと，社会的に成功しやすいということが示唆される。
　4歳くらいの時点での自制心の獲得がその子どもの将来にわたってかかわるとすれば，子どもに自制心を適切に働かせるように育てることが大切と考えられるが，どのようにすればよいであろうか。マシュマロ・テストにおいて，マシュマロの匂いを嗅いだり，触ってしまうと我慢できずに食べてしまう子どもが見られる一方，我慢できた子どもはマシュマロを見ないように上を向いたり，歌を歌って気をそらしたりといったその子なりの方略をとっている。我慢できない子どもには，こうした方略を教えることで自制心を働かせることができるといえる。行動を抑制できる方法を親や保育者など周りの大人が折に触れて教えることで，自制心（我慢する力）が獲得されていくことが示唆されよう。

2 身体的機能と運動機能の発達

2 身体的機能の発達

1 身長・体重

　出生時は男女とも身長約50cm，**体重**約3kgであるが，身長は1年後には誕生時の約1.5倍の約75cm程度になる。その後は安定した速度で発育し，3歳では約94cm，6歳では男児115cm，女児114cmで，出生時の2倍以上になる。体重は出生後4か月で同約2倍に，出生後1年で約3倍になる。6歳の平均体重は男女ともに約20kgで，出生時の6倍以上である。

　図2－6は2010年の乳幼児発育調査による男女別の**乳幼児身体発育曲線**（パーセンタイル曲線）である。図から，男女とも成長につれて特に体重の97パーセンタイル値と3パーセンタイル値の差が広がっていることがわかる。個人差が大きくなるということである。成長につれて性差も出てくる。

体重：
個人差があり，2,500 g未満を低出生体重児と呼び，この中でも1,500g未満児を極小未満児，1,000g未満児を超未満児と呼ぶ。個人差には在胎期間が大きく影響する。

乳幼児身体発育曲線：
パーセンタイルとは，例えば身長の場合，同年齢の子ども100人を身長の低い順に並べた時，低い方から10番目にあたるのが10パーセンタイル，その子どもの身長は10パーセンタイル値という表し方をする。

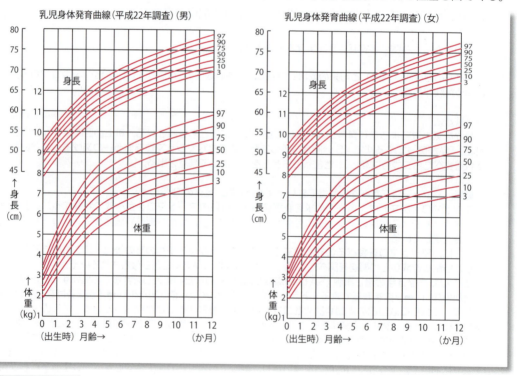

図2－6
乳幼児身体発育曲線

2 脳神経系

ヒトは脳の進化において飛躍的に大脳化が進行した，学習能力の高い動物である。

受精後18日頃に脳の原基が出現するが，胚子（胎芽）はまだ全長1mm程度に過ぎない。この時期に細胞分裂は進み，胚子表面の特定部分の細胞が脳や脊髄の原基となる。これらの原基は，神経管を形成していく。23日目頃，脳の形ができ始め，40日目頃には将来大脳になる部分，中脳になる部分，および延髄，小脳になる部分が明らかになる。

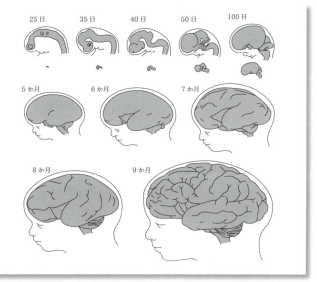

図2-7
胎児の脳の変化

（NPO法人脳の世紀推進会議編『脳の発達と育ち・環境』クバプロ　2010）

50日目になると大脳半球が出現し，その後，大脳半球が急速に大きくなってヒトの脳らしくなる。7か月目になると大脳皮質の特徴である皺あるいは大脳溝が出現する。9か月目には正常な大人の脳と同様の外観となる。

図2-7では妊娠25日から100日までは拡大して示してあり，5か月以降と同じ倍率のものは，それぞれの下に記してある。

スキャモンの臓器別発育曲線（p.39参照）に見られるように，リンパ系を別にすれば，脳神経は他の臓器に比べると際だって早く発達する。出生時の新生児の**脳重量**は370～400g程度で，体重の12～13％を占める。それが，生後6か月で出生時の約2倍に，生後1年半頃には約800～1,000gと，急速な増加を示す。その後，増加の速度を緩めながらも4～6歳頃には成人の脳重量の約90％である1,200g前後に，7～8歳頃には約95％に達し，15～20歳頃に**成人レベル**に達する。

出生後に脳重量が増加する要因は，神経細胞（ニューロン）の樹状突起や軸索（神経線維）が伸びて，神経線維を網の目状に張りめぐらせること，樹状突起や軸索の本数・太さ・長さが増大すること，軸索の**髄鞘化**が急速に進むこと，ニューロン間の接点となる神経接続部（シナプス）の数と密度が急速に進むこと，脳に栄養を運ぶ血管系が急速に増殖すること等である。

莫大な脳神経をもって生まれた人間の脳では，可塑的な乳幼児期に，シナプスの過剰生成と**刈り込み**が行われる（図2-8）。

知性を司り，支配，コントロールする前頭性知性と呼ばれるものが大脳の**前頭連合野**にあり，適切な物理的，社会的環境が脳を成長させる。そして，幼児が自発的に活動し，集中しているときに，多くの**神経回路**が生まれ，刈

脳重量：
成人の脳は体重の約2.5％である。比較すると子どもの脳は成人の5倍の割合を占めている。

成人レベル：
成人の脳重量は1,300g前後である。

髄鞘化：
これにより信号伝達速度がより速く，より確実になる。ミエリン化ともいう。

刈り込み：
余分なシナプスを刈り込むことで神経伝達が効率化される。シナプスがいつまでも刈り込まれないと何が起こるか？それは例えば，人の話を聞き取ったり，会話をする際に余計な負荷がかかり，心因性難聴を起こしたりする。

図2-8
神経接続部（シナプス）の過剰生成と刈り込み

（小泉英明編『脳図鑑21』工作舎　2001）

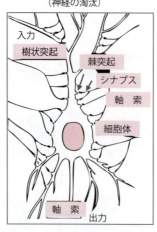
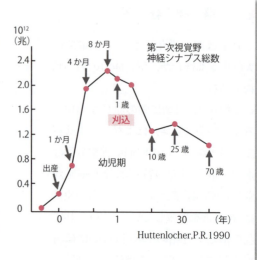

（前頁）**前頭連合野**：
前頭前野ともいう。「人間らしさを司る脳」といわれている。

（前頁）**神経回路**：
自己抑制やしつけは神経回路として形成される。幼児期は，自己抑制，思いやり，他者理解，コミュニケーション能力など人間として，人間らしく生きる基本を身につける時期として強調されるべき時期である。

環境，学習，経験で変容：
初期経験の重要な理由はここにある。例えば喃語に含まれる音韻は万国共通であるので，喃語を発する段階では，乳児はどの国のことばでも話す可能性をもっているが，ことばを話す段階になると自国語のもつ音韻しか発音できないようになる。

り込まれていく[29]。

　脳神経の刈り込みは**環境，学習，経験で変容**するものである。幼児前期には適切な基本的生活習慣の指導，幼児後期にはふさわしい遊び環境，人的環境が重要である。大脳の発達のためには，集中力と好奇心，探究心は欠かせないことを保育者は認識するべきである。

3　循環機能と呼吸機能

　心臓の重量は出生時には約20gで，生後1年で男児約55g，女児約50gになる。発育期を終える頃には出生時の約15倍となる。

　出生時，新生児の，1分間当たりの心拍数の平均は140回，その後，成長とともに変化し，乳児で120〜130回，幼児前期で100〜130回，その後，4〜10歳頃まで心拍数は減少し続け，小学校卒業時には80〜90回くらいになる。乳幼児期に心拍数が高いのは，心臓の容積が小さく1回の拍出量が少ないのを，回数で補うためと考えられている。

　幼少期は，鼻腔呼吸が中心のため，鼻腔閉鎖が起こると容易に呼吸障害を起こす。新生児から乳児期にかけては，横隔膜の上下運動による腹式呼吸であるが，次第に肋間筋が発達し，3歳前後に胸式呼吸へと移行する。

　呼吸数は新生児で1分間に約35〜45回，2〜3歳で25〜30回，5〜6歳で20〜25歳，10〜11歳で18〜22回，成人では16〜17回と，年齢とともに現象する。初期に呼吸数が多いのは，肺自体が小さく換気量が小さいことと，代謝機能が盛んであるため，酸素を多く必要とすることによる。

　肺活量は年長児になるまで正確に測定するのは難しいが，5歳児の肺活量の平均値は900cc程度であり，成人の1/3以下である。

第2章　子どもの発達過程　81

循環機能と呼吸機能の発達によって活発な身体活動が行えるようになるが、両機能とも幼児期には、機能としては未発達である[29]。

4　免疫機能

免疫力とは疫（病気）を免れる力のことである。これは血液細胞の消化力のことである。

免疫系の機能は出生時にはまだ完成していないので、乳児には免疫力がない。したがって感染症には注意しなければならないが、母乳、特に初乳には乳児を病気から守ってくれる免疫抗体などがたくさん含まれているので、重要である。白血球造血巣は関節や扁桃にあり、生後1年くらいになると、関節や扁桃が発達し、子どもは自分で免疫物質をつくり、自分で自分のからだを守る力をつける。白血球の消化力は体温に依存している。人間の体温が36〜39℃に維持されているのは、血圧が120㎜Hgに維持されているからである[30]。

5　生殖機能

❶　第一次性徴と第二次性徴

第一次性徴とは出生時の、外性器の違いによる男女の区別のことである。第二次性徴とは思春期以降に見られる第一次性徴以外の外観上の差異をいう。

❷　第二次性徴の発現と性的成熟

思春期に身長の年間発達量が最大に達した後、それに引き続いて第二次性徴が発現する。身体の成長が一定段階に達すると、視床下部下垂体から分泌される性腺刺激ホルモンにより、男子では精巣が発達し、精巣から男性ホルモンが分泌され、ひげが生え、にきびや声変わりがみられ、精通が起こる。また、骨格や筋肉が発達して、がっしりした体つきになる。女子では性腺刺激ホルモンにより卵巣が発達し、卵巣からは女性ホルモンが分泌される。皮下脂肪が増加し、身体全体が丸みを帯び、乳房・骨盤の発達がみられ、初潮が始まる。この他に、男女ともに陰毛や腋毛の発生がみられる。

2　運動機能の発達

❶　反射運動の段階

新生児の動きは特定の外的刺激に対する新生児反射と自発行動に大別できる。

原始反射は、新生児反射とも呼ばれるが、次のものが含まれる。

身体活動：
長時間走ることは循環器、呼吸器に多くの負担をかけるので、小休止をはさみながら断続的に行うことが適している。

血液細胞：
白血球、赤血球、組織体のことで、この消化には呼吸と解糖から得られるエネルギーが必要である。

白血球造血巣：
白血球をつくる場所。

体温：
人間では体温が1.5℃下がると、白血球は消化力を全くなくしてしまう。したがって、免疫力は低下する。しかし、逆に1.5〜3℃上がると、これが急に上昇する。

血圧：
四足の哺乳類が身体全体に血液を循環させるためには90㎜Hg以上の血圧が必要である。人間の場合、二足歩行のため、立って心臓より高い位置にある脳内血圧を90㎜Hg前後に保つようにするため、120㎜Hgという四足の哺乳類よりも高い血圧が要求されることとなった。

第二次性徴：
通常の発現は女子では10〜14歳頃、男子で12〜15歳頃であるが、個人差が大きい。

男性ホルモン：
アンドロゲンなど

女性ホルモン：
エストロゲンなど

反射（reflex）：
大脳皮質や意志とは関係のない不随意運動で、反応と区別する。

自発行動：
全身の動きや、四肢の屈曲や伸展運動、泣くこと、レム睡眠時の自発的微笑（生理的微笑）、しかめ面などの表情、口唇の動きなど変化に富んだ行動がみられる。

1　口唇探索反射
口唇，あるいはその近くに指か乳首が触れると，それを求めるかのように首を回し，口唇を突き出すようにする反射であり，効果的に母親の乳房に吸いつけることになる。

2　吸啜（乳）反射
口唇に何かが触れるとそれを舌で包んで吸い込むような吸飲運動をリズミカルにするもので，母乳を吸うという機能をもっていると考えられる。

3　模倣反射
新生児の目の前で舌を出して見せるとしばらくもぞもぞしているが，目の前の大人の模倣をして舌を出す。

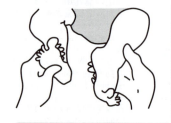

図2-9
バビンスキー反射

4　追視反射
新生児の眼前に簡単な模様を記した図をゆっくり動かすと，それを目で追う。模様は人間の顔に近いほど反射が起きやすいとされている。

5　バビンスキー反射
新生児の足裏の外縁をこすると，足の親指がそり，他の指が開く。

6　モロー反射
新生児を抱き，頭を支えている手を少し後ろに下げると，両手を大きく広げて，抱いている人に抱きつくような動作をする。

7　把握反射
新生児の手掌に軽い刺激を与えると，ものを掴むような行動をするもので，自分の体重を支えることも可能である。

8　歩行反射（原始歩行）
新生児の両腋を手で支え，床に足を触れさせると，リズミカルな動作が出現する。後の歩行の基礎と考えられる。

図2-10
モロー反射

基礎的運動：
基礎的運動の段階とは，二足歩行ができるようになるまでの段階をいう。

　新生児の反射運動は生後6か月頃までに消失する。反射の消失する時期は反射の種類によってさまざまである。
　生後2か月と6か月は発達の大きな変換点である（スターン，1989）。生後2か月にはホルモンの日内変動が安定，脳波が変化し，睡眠と覚醒のサイクルが確立するなど神経生理学的に，また，解剖学的，学習の観点から

第2章　子どもの発達過程　83

も著しい質的変化が認められる。生後6か月頃までに大脳皮質が目覚ましく発達し，人との関わりやものとの関わりが質的に大きく変化する。

2　基礎的運動の段階（0～2歳）（表2-7）

反射運動に対して，意志的，意識的に身体を動かす技能を運動技能という。意志や欲求が伴った随意運動である。乳児の獲得する運動技能は，その後に獲得する運動技能の基礎となるものである。基礎的運動技能が獲得されると，「座る」「立つ」「はう」「歩く」「つかむ」「はなす」などの，姿勢保持や移動，ものの操作という運動が可能になる❶。

運動技能＼発達段階	基礎的運動の段階 （0～2歳）	基本的運動の段階 （2～7歳）
平衡系の動作	頭・首のコントロール，ころがり（寝返り），胸で支える，座る，かがむ，立つ，立ち上がる	まわる，ころがる，片足立ち，バランス立ち，ぶら下がり，乗る，わたる，逆立ち，浮く
移動系の動作	はう（腹ばい），はう（高ばい），はい昇る，歩く，昇る，おりる	走る，止まる，リープ，スキップ，ホップ，ギャロップ，跳ぶ，跳び上がりおり，よじ昇る，跳びつく，跳びこえる，またぎ跳ぶ，かわす，くぐる，すべる，泳ぐ
操作系の動作	手をのばす，つかむ，つまむ，はなす，ほおる	投げる，蹴る，打つ，つく（まりつき），たたく，つかまえる，受ける，運ぶ，かつぐ，おろす，押す，引く，こぐ

表2-7
運動発達の段階と運動技能

（池田他　2003を一部改変）

❶　全身運動の発達

からだの各部の発達については，順序性があることが知られている。頭部から尾部の方向に，また，からだの中心部から周辺部の方向に発達が進んでいく。生まれたばかりの赤ちゃんはからだ全体が柔らかく，とくに抱く時には，頭部を支えなければ首が定まらない。生後4か月くらいになると，「首がすわ」って，腰部もしっかりとしてきて，「お座り」ができるようになる。その後，大腿部の発達により「はいはい」を，下肢の発達により「つかまり立ち」を，さらに，足指先も発達することにより，およそ12か月で歩くことが可能になる。頭部（首）から足（足指先）の方向に身体各部が順序をもって発達するとともに，それぞれの運動発達も進んでいく。歩けるようになってから座れるようになる，あるいは，首がすわる，といった発達の逆転はみられない。ただし，こうした発達には大きな個人差がある。

赤ちゃんの知覚や認知，社会性が発達していく過程には，運動発達が大きく影響する。表2-8は，生後およそ15か月頃までの運動発達のめやすである。

表2-8
生後15か月までの運動発達の順序

月齢	運動	月齢	運動
0か月	胎児の姿勢	8か月	助けられて立つ
1か月	顎を上げる	9か月	家具につかまって立っていられる
2か月	胸を上げる	10か月	はいはいする
3か月	物をつかもうとするができない	11か月	手を引かれて歩く
4か月	首がすわる・支えられて座る	12か月	家具につかまって立ち上がる・2，3歩歩ける
5か月	膝の上に座る物を握る	13か月	階段を昇る
6か月	椅子の上に座る。ぶらさがっているものをつかむ	14か月	ひとりで立つ
7か月	ひとりで座る	15か月	ひとりで歩く

原始反射：
第2章／❷運動機能の発達／❶反復運動の段階（p.81）参照

❷　手・指の運動の段階

誕生したばかりの赤ちゃんの手（のひら）に指でふれると，赤ちゃんはその指をしっかり握る。原始反射の一つで，「把握反射」といわれているものである。これは，赤ちゃん自身の握ろうという意志によっているのではなく，意志と関わりなく，触れられたものに対する反応・反射である。この「把握反射」は，生後3か月くらいでみられなくなり，赤ちゃんの意志でものに触る，握る，つかむといった運動・操作が発達していく。

生後2か月頃から12か月頃までに図2-8に示したような握り方，つかみ方ができるようになる。しかし，握ること・つかむことができるようになっても，まだ，握ったものを自分の意志で放すことはできない時期もある。生後6か月頃になると，手に握っているものを少しひっぱるようにされると放すようになる。握ったものを自由に自分の意志で放せるようになるのは，およそ7か月頃である。この頃のつかみ方は，指と手のひらのあいだでつかむ（図2-8）。小さなものの時は，4本の指でかき寄せるようにつかむ。生後8か月頃には，親指を内

小指と掌の間に入れてつかむ

親指以外の4本の指と掌の間に入れてつかむ・小さな物をつかむ時は4本の指でかき寄せるようにする

親指を対向させてつかむ

親指と人さし指の腹で物を摘めるようになる

親指と人さし指の先でつまむ

図2-8
手・指の運動の発達

（丸山編『子どもの生きる力は手で育つ』2008　p.66, 70）

側に動かせるようになり，他の4本の指と向かい合わせてものを「つかむ」ことができるようになり，さらに，親指の腹と人差し指の腹によって「つまむ」ことができるようになる。親指の先と人差し指の先でもっと小さいものをつまむこともできるようになるのは，およそ12か月頃である。

❸　基本的運動の段階（2〜7歳）（表2−7）

　二足歩行ができるようになると，幼児の行動範囲は広がり，同時に手でものを動かす，足で蹴るなどの操作的技能を獲得するようになる。

　2〜7歳にかけて，大人が日常的に行う動作の型を身につけ，「まわる」「逆さまになる」「ぶら下がる」「走る」「跳ぶ」「よじ昇る」「投げる」「打つ」「つかまえる」などの動作ができるようになる。これらの動作を基本的運動技能と呼んでいる。

　2〜3歳では，外見的にはそれらしい運動はできるが，運動パターンの主要な構成要素が欠けるため，動きは大げさであるが，リズミカルな調和のとれた動きはできない。4〜5歳になると，運動の仕方がわかり，自分の運動をコントロールし，調和のとれたリズミカルな動きができるようになる。6〜7歳で，身体の各部を協応させた動きができるようになる。動作の仕方もかなり発達して滑らかさが見られるようになる。

　この時期には，全身的な基本的運動技能だけでなく，「描く」「書く」「たたく」「切る」「掃く」「着る」「脱ぐ」など手や腕の基本的運動技能も獲得される。

　基本的運動技能の獲得は運動技能や知的能力，社会性の発達が背景になっているが，基本的運動技能の獲得はそれらの発達を刺激するという，双方向の関係になっている。また，こうした技能には個人差や性差が見られる❶。

❹　運動能力の発達

　運動能力は基本的運動技能を獲得する要因であるが，同時に運動技能の水準が高まるための要因でもある。そして，獲得された運動技能を数多く展開することによって運動能力の発達が促される。しかし児童期と比べると，力強さ，速さ，正確さなどの水準は低い。

　一般に運動遊びを好み，いろいろな種類の運動遊びをしている幼児の運動能力の水準は高い。そして年齢が高くなるほど，運動能力は高くなる。運動能力は運動能力（体力）テストによって測定される。

　児童期になると，それまでに習得した運動や動作をもとに，スポーツに必要な技能に習熟して，スポーツやレクリエーションを楽しむことができるようになる。

（前頁）触る，握る，つかむ：
赤ちゃんの意志でものに触る，握る，つかむことができる頃になると，ものに興味を示し，何にでも手をのばし，手当たりしだいにつかんだり，握ったり，口に持っていったりする。ものとの遊びが活発な時期であり，そのような経験を繰り返すうちに手・指の発達が進んでいく。

（前頁）つまむ：
10か月頃

運動能力テスト：
テストの理解などを考慮すると，幼児期では4歳後半から実施可能と考えられる。

3　感覚・知覚と認知の発達

❶　感覚・知覚の発達

　生まれてまもない赤ちゃんには，まわりの世界はどのように感じられているのであろうか。1970年代以降の発達心理学研究によって，新生児期の赤ちゃんが知覚・認知面でそれまで考えられていたよりも有能であることが明らかにされてきている。

　人間（動物）にとって外界からの情報を受け取ることは生存にかかわる重要性をもつ。外界からのさまざまな情報を受容する役割を担っているのが**感覚**である。視覚や聴覚，嗅覚，味覚，皮膚感覚（触覚）のいわゆる五感等の感覚受容器が，物理的環境からの刺激を受け知覚する。この節では，赤ちゃんの各感覚の発達について概観する。

感覚：
視覚や聴覚，嗅覚，味覚，皮膚感覚（触覚）のいわゆる五感と，運動感覚，平衡感覚，内臓感覚の8種類

❶　視　覚

❶　視　力

選好注視法：
ファンツ（Fantz）らによって開発された，乳児の視覚行動を観察する手法。

　かつて，生まれてすぐの赤ちゃんはほとんど目が見えないといわれていた。しかし，人間の新生児は，出生直後から物を見ることができる（実験により，0.02程度の視力であることがわかった）。ちょうど抱かれた時に抱いている相手の顔に焦点が合うくらいの視力である。生まれたばかりでも，母親（養育者）に抱かれたときにはアイコンタクトによってコミュニケートできる視力があるということである。また，赤ちゃんは，生後4時間から24時間で母親の顔を見分けていることが実験により明らかにされている。
　選好注視法という手法を用いた実験・観察により，赤ちゃんの視覚的能力が明らかにされ，生後2週間の新生児で0.03程度，その後ゆっくりした発達がみられ，3～5歳（2～3歳とも）までには1.0くらいと，かなり大人に近い視力まで発達するといわれている。しかし，子どもの視覚発達が完成し，大人とほぼ同程度の視覚機能に発達するのは8～9歳頃である。

●コラム● 視力発達と絵本の読み語り

　保育・教育実習の際に，"読み語り（読み聞かせ）"を経験する実習生は多いことでしょう。実習前に充分に練習を重ねてから臨むことが大切ですが，実際の保育場面では，子どもたちの生き生きとした表情や声などに触れて，ページを繰るタイミングを考えたり，読み方の工夫をしたりすることを学んで欲しいと思います。

　絵本の繊細な色づかいやタッチ，ディテールの描き込まれた紙面の隅々まで，子どもとともに味わうことのできる経験としたいものです。そのためには，それらが充分に子どもに見える位置での読み語りであることが必要です。理想的には，保育者（実習生）と子どもが face to face で，あるいは，保育者の膝の両側に一人ずつ。しかし，現実の保育実践の場面では，多人数の子どもたちの前で読み語りすることも少なくありません。そうした時にも子どもたち全員が紙面を眺めることができるように，また，はっきりと聞きとることができるような，位置や場所，声の大きさなどに配慮しなければなりません。ただ，フィジィカルな面での子どもの視力発達を考えても，できることならあまり大勢の子どもたちに絵本の読み語りをすることは避けたいものです。

　子どもたち何人かがイスに座り，保育者が立って絵本を掲げ見せながら，あるいは，子どもたちは床に座り，保育者がイスに腰をかけて読み聞かせている場面を，保育現場でよく見かけます。そのような状態では，子どもたちは，斜め下の位置から絵本を見上げるような姿勢になります。絵本の材質としては，光沢のある紙質のものがほとんどです。紙面に室内灯の光りが反射しないように気をつけるとしても，決して，子どもたちにとって絵本の絵を十分に楽しむことができる体勢とはいえません。読み語りのための絵本として，大きなサイズのものもありますが，それでもディテールまでは，見えにくいのではないでしょうか。子どもの視力発達については，新生児の視力が0.02くらい，生後半年ごろから急激に発達しますが，視力発達がほぼ完成するのは何歳くらいだと思いますか。漠然と，幼児期2歳から5歳くらい，少なくとも，小学校入学前には，その子どもなりの最も高い視力まで発達しているように思っている方が多いのではないでしょうか。ところが，子どもの視力が大人とほぼ同程度の視覚機能に発達するのには，8，9歳頃までかかるといわれています。保育所や幼稚園で，集団での絵本の読み語りを体験している子どもたちの視力は，まだ十分に発達していない発達の途中にあるということです。多人数での読み語りの折に，子どもたちが絵本本来のよさを楽しむことができているのか，心許なく感じられます。

> **読み語り:**
> 一般に「読み聞かせ」といわれているが，子どもに読み「聞かせる」よりも，「語る」方が，絵本を子どもとともに味わい楽しむニュアンスをもっている表現と思われる。

❷　奥行き知覚

　視力とは，奥行きに関する知覚を含まない，どれほど細かいものを見ることができるかという能力をいうが，赤ちゃんは，奥行きを伴う三次元的な構造についても知覚しているのだろうか。

　赤ちゃんの奥行き知覚について調べた実験として，ギブソン,E. とウォーク,R.D. の視覚的断崖実験がある。1m 程の高さの差のある床の全体に模様をつけ，透明のガラス板を通して浅い側と深い側の床が見える装置をつくり，赤ちゃんを浅い側に置いて，深い側の端にいる母親に赤ちゃんを呼んでもらう実験である。ハイハイのできる6か月以降の赤ちゃんが深い床との境の段差（断崖）に気付くかどうかを調べたところ，断崖に恐れて母親のところにハイハイしていくことはできなかった。このことから，6か月児でも奥行

> **装置:**
> この装置は，「社会的参照（Social referencing, 他者への問い合わせ）」についての実験でも用いられている。図2−3（p.63）参照

き（深さ）を弁別し，知覚していることがわかった。

> ●コラム●　赤ちゃんは有能
>
> 　近年，認知発達についての研究のなかで，乳幼児期の有能性（コンピテンス）が強調されてきました。「奥行き知覚」や「言語音と非言語音の区別」をはじめ，わずか生後 36 時間児が，「大人の表情を模倣（共鳴）すること」などです。「社会的参照（social referencing）」も，そうした赤ちゃんの有能性（コンピテンス）の１つとして知られています。

有能性：
新生児・乳児の有能性はバウァー，T.G.R. らの研究により解明された。

2　聴　　覚

　新生児には聴力もある。人が聴くことのできる音の高さはだいたい 20Hz 〜 20kHz，音の大きさは 120dB くらいまでといわれている。赤ちゃんはすでに胎児期から聴覚が発達しており，誕生直後でも音の大小や高音・低音をかなり聞き分けることができる。物の音よりも人の声に反応することから，言語音と非言語音の区別をしていることがわかる。父親と母親が赤ちゃんに声をかけると，母親の声にとりわけ強く反応する。

3　嗅　　覚

　赤ちゃんは，胎児期から嗅覚が発達している。誕生直後には，自分の母親の羊水と他人の羊水の匂いを区別できるといわれている。徐々にその力は低下し，かわりに，授乳により自分の母親の母乳の匂いを選好するようになる。また，まだ食物を食べる経験をしていない新生児も，腐った卵などの臭いに対して嫌悪の表情を示すという。

4　味　　覚

　味覚の働きは，口の中に入った物を摂取してよいものといけないものとに選別することである。生得的な味覚の働きに加えて習得的な働きもあるが，胎児期からある程度の味覚の発達があると考えられている。新生児は，甘味・酸味・苦味に対して大人と同じような反応をすることが実験で確かめられている。

5　皮　膚　感　覚

　皮膚感覚は，触覚・圧覚・温度感覚・痛覚に分けられる。皮膚に何かが触れたという感覚は誕生直後から発達しており，足の裏や口のあたりはとくに敏感であるが，赤ちゃんは温度感覚や痛覚はまだ十分に発達していない。

　赤ちゃんは以上のような五感をはじめとする感覚受容器を働かせて，まわ

りの世界からの刺激を知覚し、それらと活発にやりとりする中で、身のまわりのものや自分の身体、自分以外の人の存在に気づいていくようになる。親（養育者）がスキンシップをしたり語りかけたりする働きかけや、赤ちゃんの発声や表情、身体の動きへの応答による赤ちゃんとの相互交渉は、視覚や聴覚、触覚等にとって適切な刺激となる。

> ● **コラム** ● 鏡に映っているのは
>
> 鏡に映った自己の姿（鏡像）が自分だとわかるのは、何歳くらいか？ 鏡像が自分の映った姿であると認知できるようになるのは、1歳過ぎから2歳頃といわれています。それでは、幼児が鏡に映った姿を自分だと認知できているかどうかを調べるためには、どのような実験をしたらよいか、実験方法を考えてみましょう。

鏡：
第3章／事例❻（p.132）参照

❷　思 考 の 発 達

① ピアジェによる思考の発達段階説

　ピアジェ J. によれば、思考の発達は、誕生から2歳頃までの**感覚運動的段階**と、それ以降の**表象的思考段階**に分けられる。表象的思考段階は、前操作期（幼児期、2〜7、8歳頃）、具体的操作期（児童期、7、8〜11、12歳頃）、形式的操作期（青年期以降、11、12歳頃〜）に分けられている。

　感覚運動的段階（〜2歳頃）は、見る、触る、口に入れるなどの感覚運動活動によってものを認識する。

　幼児期の前操作期には、**象徴機能**が現われ、具体的なものをことばに置き換えることができるようになる。前概念的思考（象徴的思考）の段階（2〜4歳頃）と直観的思考の段階（4、5〜7歳頃）がある。

　幼児期の子どもの思考の特徴として、ものの見え方に左右されやすいということがある。図2−9のようなピアジェの**保存の概念**に関する研究がある。AからBに移した水の量を「減った」、CとDとの比較でDの方が「多い」ととらえるのは、液体の量について、水面の高さだけに注目しているためと考えられる。他にも、たとえば、数について、Eのように、白と黒のおはじきを等間隔にして同じ数であることを確認した上で、Fのように並べ替えると、幼児期には、黒いおはじきの方が増えたと答える。対象の形や状態を変形させても対象の**数量**といった性質は変化しないという「保存性の概念」がまだ獲得されていない段階にあるからである。

　このように前操作期の子どもは、知覚的に目立つ特徴的な次元にだけ注目するという認知の限界性がみられる。幼児期のまだものの見た目に左右されやすい段階から、児童期になると具体的事物についての論理的思考が可能な具体的操作期となる。児童期になって、保存性を獲得した子どもは、AとB、

ピアジェ：
第1章／❶発達理論／❸ピアジェの理論（p.38）参照

2歳頃：
各段階の年齢範囲は一つの目安である。

象徴機能（symbolic function）：
思考やイメージを介してシンボルと指示対象との関係を間接的に表す働き
第3章／事例❾（p.142）参照

数量：
「量の保存」「数の保存」の概念がまだ獲得されていない段階では、下の列全体の長さに注目して、白いおはじきの方が多いと答える子どももいる。

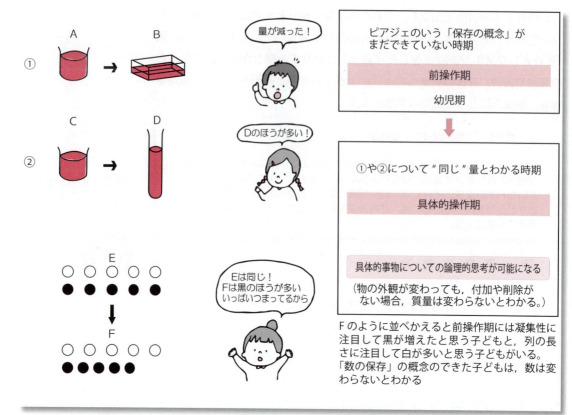

図2-9
ピアジェの保存課題

アニミズム的思考：
夢に見たことやおとぎ話が実在すると考えたり（実在論・実念論），生命のないものに生命や意識を認めたり（アニミズム）する。

対象の永続性：
ピアジェは，対象物が見えなくなったとしても，触れられないとしても，存在し続けていると，生後8か月頃から理解し始めるとした

遅延模倣：
（延滞模倣）模倣の相手（対象）の動作について，その行動の直後にみられる模倣でなく，時間が経過してから模倣がみられること。9か月児にもみられるが，よく出現するようになるのは1歳半頃から。

CとD，EとF等について，ものの見かけに左右されることなく，「（新たにつけ加えたり取り去ったりしていないので）変わらない」と説明できる。

前操作期の子どもには，自己中心性（中心化）やアニミズム的思考といった心理的特徴もみられる。自己中心性とは，幼児が自分自身を他者の立場においたり，他者の視点に立ったりすることができないことをいう。前操作期における自己中心性（中心化）を脱することを脱中心化という。

3　記憶の発達

乳児にも感覚運動的な記憶能力があることが実験により示されている。たとえば，哺乳の姿勢をとるだけで，赤ちゃんは乳首を探すようなしぐさをする。さらに，目の前から見えなくなった人や物をさがす，対象の永続性がみられるようになる。1歳半頃からは動作などの遅延模倣も現れる。2, 3歳頃になると，文章の復唱などもできるようになる。

記憶には，効果的に覚える方略がある。記憶方略として「リハーサル」や「体制化」等がある。記憶しなければならないことばを声に出して何回も繰り返す「リハーサル」が自発的に出現するのは7歳頃，また，自発的にグループ化して記憶することができるようになるのは，10歳頃からといわれている。

第2章　子どもの発達過程　91

> ● コラム ●　記憶の発達（幼児期健忘）
>
> 　幼児期の記憶には，大人と違った特徴がみられます。一度にたくさんのことを覚えられない一方で，たとえば，アニメのキャラクター名を数十も覚えている場合もあります。
> 　では，人は小さい頃の出来事について，どのくらい覚えているでしょうか。さかのぼって思い出すことができる最も幼かった頃の経験はどのような出来事でしょうか。一般には，4歳頃より以前の出来事の想起は減少するといわれています。幼い頃の経験が想起できないことを「幼児期健忘」といいます。

１　記憶のメカニズムと分類

　記憶は，情報を短期記憶に蓄え，その一部を長期記憶に保持し，保持された記憶を想起するというメカニズムである。

　記憶の保持時間による分類としては，瞬間的に保持され意識されない感覚記憶，数十秒程度の記憶であって一度に保持される情報容量にも限界がある短期記憶，数分から一生にわたって保持されて容量に制限のない長期記憶がある。

　短期記憶とは，電話をかけるまでの間，電話番号を憶えているような記憶で，数字や単語を一度見たり聞いたりしただけで憶えることができるのは7±2個くらいである。数十秒以上憶えておく必要がある場合は，繰り返し口に出して言うなどのリハーサルが必要であり，干渉に弱いというのも特徴で，たとえば，電話をかける直前に別の数字を言われると番号を忘れてしまうこともある。

　長期記憶はその内容により，宣言的記憶（陳述記憶）と手続き記憶があり，宣言的記憶はエピソード記憶と意味記憶に分類される

　手続き記憶とは，やり方の記憶，「体で憶えている」と例えられるものやルールの記憶等で，運動性技能，知覚性技能，認知性技能に分類されている。たとえば，自転車の乗り方や箸の使い方，楽器の演奏などのように，同じ経験を反復することにより形成され，ことばで表現することが困難な記憶である。

　宣言的記憶とは，イメージや言語として意識上に内容を想起でき，その内容を陳述できる記憶である。宣言的記憶のうち，エピソード記憶とは，個人的な出来事・思い出等に関する記憶であり，特定の時と場所で学習された記憶で，いつ，どこで，何をしたか・何があったかという個人史・社会的記憶のことである。たとえば，中学生の時にどこに遠足に行ったか，昨日の夕食をどこで誰と何を食べたか等，その出来事を経験したときのさまざまな時空間的文脈やそのときの自己の心身の状態なども記憶されていることが特徴である。エピソード記憶は「覚えている」という状態であるのに対し，意味記憶は「知っている」という表現に相当し，単語や数字，物事の概念など

一般的な知識に関する記憶である。遠足の例では，遠足という言葉の意味（概念）などの社会的に共有する知識の記憶である。

2 ワーキングメモリ

ワーキングメモリとは，情報処理の過程で使われる短期記憶であり，短い時間に心の中で情報を保持し，同時に処理する能力のことを指す。ワーキングメモリは，思考と行動の制御に関わる実行機能の一つであると考えられている。実行機能は，思考と行動の制御を行うプロセスであり，前頭葉の働きと関連することが脳科学研究から分かっている。会話や読み書き，計算などの基礎となる，私たちの日常生活や学習を支える重要な能力であり，学習と密接に関連しており，発達障害をもつ子どもの多くがワーキングメモリに問題を抱えていることが明らかにされている。

4 ことばの発達 ― 話して伝える，考える

生まれてすぐのまだことばの話せない赤ちゃんも，全身を用いて豊かな能動的コミュニケーションを実現している。そうしたコミュニケーション能力も備えて誕生してくる赤ちゃんは，ことばによらないやりとりを活発にするうちに，生後12か月前後には初語を発する。その後，しだいにことばを獲得していくが，そのプロセスとして，ことばの発達には4つの段階があるとされている。

第一段階は，初語の出現する1歳頃までの時期である。第二段階（1歳～3歳頃）は，語彙が拡がり文法の基礎ができる時期であり，2歳頃には多くの語彙を獲得する「語彙爆発」がみられる。第三段階として，3歳～6歳頃には，文法能力が発達し，会話のスキルを急速に獲得する。第四段階は，6歳頃以降の「**二次的ことば**」を獲得する時期である。

1 初めてのことば

ことばを用いた対人的コミュニケーションができるようになるまでには，乳児と母親（養育者）との対人関係において，表情や発声，身体の動きなどによるコミュニケーションがなされる。

生後8週頃には，「クークー」「アー」といった呼吸に伴って発声される静かで低い音が観察されるようになる。これを**クーイング**という。また，喉からのゴロゴロといった発声（ガーグリング）も観察される。

生後6か月頃には喃語（バブリング）が観察される。「ババババ」といった特定の音を繰り返す初期の重音性の喃語から，成長にしたがって，「バーブー」「アデゥ」といった複数の音の混じった喃語がみられるよう

ワーキングメモリ（working memory：作業記憶，作動記憶）

実行機能（executive functions）

初語：
乳児の行う発声において，初めて発現する大人に意味の分かる有意味語。

二次的ことば：
現在の場所や時間を離れた話しことばや書きことば。その場での経験を共有していない相手にも伝えることのできることば。

クーイング（cooing）：
生後6～7か月までの乳児が頻繁に発する音声。

になる。喃語は，日本語を母国語とする赤ちゃんも，英語その他の言語を母国語とする赤ちゃんも，似た同じような音を発するといわれている。この頃，乳児と母親（養育者）」の二項関係から，さらに「もの」についての乳児の興味が顕れ（人－物の二項関係），さらに，生後9，10か月頃から，共同注意と手渡し，指差しが可能となり，それらが統合されて，乳児－もの－母親（養育者）の三項関係が成立する。母親（養育者）と乳児と，おもちゃなど，もののやりとりも楽しむようになる。

三項関係

二項関係

生後 11・12 か月頃になると，「マンマ」「ママ」「パパ」等，意味のあることばを発するようになる。このような意味のある初めてのことばを初語（始語）という。初語については，たとえば，「マンマ」という初語の場合，はじめは何を見ても「マンマ」と発したり，「パパ」という初語の場合，誰を見ても「パパ」と言ったりする。1語であるが，「マンマ（ほしい）」「パパ（だっこ）」「ワンワン（いる）」「ワンワン（こわい）」といった文の働きももつため1語文といわれる。

大人が赤ちゃんに話しかける時，マザリーズ（母親語・育児語）といわれる特徴のある語りかけをしている。聞いて理解する能力としては，まだ話せなくても1歳頃には20語以上くらいのことばを理解できるようになる。

共同注意：
「同じ対象に同時に注意を向ける」とともに，「お互いに何を見ているのかを知っている」ことを含む。ジョイント・アテンション

指差し：
9か月頃，他者の指差す方向に視線を向ける。12か月頃，指差すことによって他者に示すことができるようになる。

マザリーズ：
文化や言語をこえて，一般に大人が赤ちゃんに話しかける時，抑揚のある高いトーンでゆっくりしたテンポやオノマトペ（擬音語，擬態語，擬声語）や短い文，休止や繰り返しが多い。

2　語彙のひろがり

初語から半年くらいは，「ワンワン」という語を，絵本のライオンを見て「ワンワン」といったり（拡張），赤ちゃんの自宅で飼っている犬だけを「ワンワン」というといったある特定のものにのみ用いる（縮小）等の間違いも多い。この時期の発語は正確な意味が特定できないこともあるが，しだいに構音もしっかりとできるようになってくる。

1歳後半には，「パパかいしゃ」といった2語文が出るようになり，「パパのコップ」のように助詞が使えるように，さらに多語文へと発達していく。

2歳前後には「語彙爆発」と呼ばれる時期となり，日常生活の経験を重ねる中で，一日にたくさんの語彙を増やしていくようになる。子どものことばにゆったり耳を傾けたり答えたりする大人の受容的な働きかけ，とりわけ，子どもが話すことに喜びを感じられるような応答が大切である。

> ● コラム ●　幼児の身につけていることばは？－5歳児のボキャブラリ
>
> 　赤ちゃんが初めて意味のあることばを発するのは，1歳頃。それから5歳頃までにどのくらいの数のことばを身につけていると思いますか？
> 　満5歳になった子どもの語彙数は，1050語前後ということです。井上ひさし氏『にほん語観察ノート』（2004）によれば，このデータは，「全国から選んだ6人の0歳児のお家に機材を常設してテープは回しっぱなし。その上，定期的に面接も行うという録音観察調査，それも5年間にわたる画期的な追跡調査（NHKラジオ『ことばの誕生』という番組による調査）」（P.54）から得られたとのことです。
> 　そのおよそ1050語ほどの5歳児のボキャブラリーのうち，使用度数の多いのは次の20語だそうです。「①これ　②居る　③ない　④ここ　⑤行く　⑥する　⑦いい　⑧やる　⑨くる　⑩なに　⑪ある　⑫いや　⑬こっち　⑭こう　⑮言う　⑯どこ　⑰取る　⑱そう　⑲なる　⑳たべる」
> 　それでは，保育者をめざすみなさんの語彙はどれくらいでしょうか？しばしば用いている使用頻度の高いことばはどのような語でしょうか？5歳児で1000語をこえているのですから，何千か，何万か。一語一語数えることは到底できそうもありませんが，井上氏の前掲書（p.53〜56）には，成人のもつ語彙数を推定する簡単な方法も紹介されています。

3　伝えるためのことば・考えるためのことば

　ことばは他者とのコミュニケーションの道具・伝達の手段であるとともに，思考の道具でもある。子どもは，はじめ，コミュニケーションの道具としてことばを獲得する。その後，考える手段としてのことばも獲得していく。そうした過程に，独語のつぶやきがみられる。この時期の独語について，ピアジェは「自己中心語」として，自己中心的思考に付随するものであり，発達とともに消えていく不要なものととらえた。一方，ヴィゴツキーは，「自己中心語」について，3歳頃から思考の道具として自分に向けて用いることばととらえ，小学校入学前頃までに音声なしで頭の中だけで思考する「内言（ないげん）」へと発展・移行するものと考えた。

> **内言：**
> ヴィゴツキーは，伝達の道具としてのことばを「外言」，主として思考の道具としてのことばを「内言」と区別した。

《問題を解決しようとするときに見られる幼児の独語（自己中心語）》

4 母語の体系の獲得

小学校入学前の6年間に、ほとんどの子どもが日常会話として用いることができるまでに日本語（母語）を身につけている。日本の場合、通常、中学から高校にかけての6年間の学校教育において、**外国語**（第2言語）として英語の授業が設置されている。一週間に何時間かの英語の授業を受け、その予習・復習としての自主的な学習をしたり、さらに塾に通ったりして学習を重ねても、不自由なく英語で日常会話ができるようになるというのは難しいのが普通である。こうした外国語の習得に関する困難と比較すると、生まれてから5、6歳の頃までに日常の会話にほぼ不自由のないくらいにまで日本語（母語）を獲得できているということは驚くべきことである。日本語に限らず、どの言語もその体系は非常に複雑で抽象的である。にもかかわらず、とりたてて体系的に学習したり訓練したりすることなしに、幼児期にはその複雑な言語体系を日常生活のなかだけで自然に身につけているのは興味深い。

外国語：
小学校における英語教育が2020年より教科化される。

5 音韻意識とかな文字への興味

「しりとり遊び」をする時、「すいか」➡「かもめ」➡「めだか」……と、次々に語が繋がってしりとりができる場合もあるが、幼児期にはなかなか語が続かない場合もある。ことばは連続した音の連なりである。しりとり遊びができるようになるためには、こ

とばの音韻について2種類の処理能力が必要と考えられる。一つは、単語の語尾の音を抽出する能力、もう一つは、その音ではじまることばを検索する能力である。たとえば、「すいか」という語は3つの音節からなっている。しりとり遊びをするためには、「す・い・か」と、音節に分解し、最後の音節である「か」を取り出して、それが最初にくる単語を探すことができなければならない。幼児期には、語を音節に分けてそれぞれを抽出することがまだ難しい段階もある。

連続音であることばを音節に分解して抽出し、文字のコードに対応させることを「音韻（的）意識」という。「音韻意識」は、幼児期中期から後期に形成される。まだ、「音韻意識」が低い段階では、**かな文字の習得**は困難とされている。

しかし、まだ十分に「音韻意識」の形成されていない子どもも、単語について意味上のヒントが与えられればしりとり遊びに参加することができる。こうしたことば遊びを楽しむことによって、ことばの音韻やかな文字の読み

かな文字の習得：
現行では、小学校入学時には、自分の名前が読めて書ける程度でよいとされている。実際には、約8割の子どもが平仮名の読み書きがほぼできるようになっているという。

興味や関心：
幼稚園教育要領や保育所保育指針，幼保連携型認定こども園教育・保育要領においても，日常生活や遊びの中でことばや文字に興味や関心をもつようにすることが示されている。

への**興味や関心**につながっていくと考えられる。

● **コラム**　　幼児早期教育への関心の高まり

　偏差値への批判や価値観の多様化がいわれつつも，幼児早期教育ブームにより，受験競争はすでに幼児期から始まっているともいえます。幼児期の早期教育については，発達心理学や教育心理学の諸研究から疑問や懸念が示されています。にもかかわらず，我が子に少しでも早く文字を覚えさせたい，英語やピアノは小さい時から習うのが肝要，パソコンにも触れさせたい等，幼児期の極初期から教育熱に浮かされたような家庭もみられます。そうした幼児早期教育ブームに警鐘を鳴らしている次の記事を紹介します。

失語誘う"テレビ漬け"（2001年3月30日　毎日新聞）
　「テレビやビデオに触れすぎることで，言葉を失う子どもたちがいる。3歳1ヶ月の現在，名前を呼んでも振り向くことはなく，視線も合わない。また，2歳8ヶ月のとき，一度覚えた言葉が消えてしまった。さらには，1歳9ヶ月で，重度の吃音のみられる子。
　専門家は，以上のような事例の原因を，生身の人との関わりが欠如し，テレビやラジオ等の一方的に映像と音を送り込むものに触れすぎたことと分析している。一つめの事例の子どもは，英語教材のビデオを，生まれた直後から見せられて育った。岩佐京子さんは，「実態があって，言葉があって，それを繰り返し聞く中で言葉を覚えていく」が，ビデオの影響によってそれが欠如した，と分析している。
　また，二つめの事例の子どもは，10か月の頃から，親が幼児教材のビデオを買って見せ，フラッシュカードを始めたのだという。しかし，片岡直樹教授（川崎医科大学，小児科）のアドバイスでビデオを全面禁止し，母親が一対一で遊びにつき合っていくうちに，少しずつ言葉が戻ってきた。
　最後の三つめの事例の子どもは，生後11か月から数や文字を覚えるカードをやらされていた。一歳ごろに言葉が出たが，それから8か月ほどで障害が現れた。小児科医の巷野悟郎さんの説得によって，そうした勉強をやめ，日常の親子のやりとりを大事にするようにしたところ，障害は一週間ほどで治まったという。」

　『知能開発』を宣伝文句にした早期教育ビデオを毎日30分〜1時間見せられた2歳児は，3歳の時点で言語や認知，社会性の発達がかなり遅れてしまうというデータが発表された（Zimmermen et al., 2007）ことをあげ，「子どもは社会的やり取りによって発達するので，一方的な情報を流すビデオに曝されることは子どもの発達に害こそあれ，益はないのである。」内田（2008，p.267）との言及もある。

5 児童期から青年期の発達

◼ 児童期（学童期）

　小学校入学から青年期までの時期を児童期（学童期）という。6，7歳〜11，12歳頃の年齢である。知的な面での飛躍的な発達や，友人関係を中心とした社会性の発達のみられる時期である。

　比較的安定しているといわれる児童期であるが，プレ青年期（プレ思春期）と呼ばれることもある後期（小学校高学年）には，**発達加速現象**によって，子どもたちの身体的発達・性的成熟が前傾し，思春期開始の指標とされる第二次性徴を経験する子どもたちが多くなっている。また，児童期の終わりには，小学校から中学校への進学という，義務教育制度の中ではあるものの異なる校種，学校文化・環境への移行のなかで，新たな生活・人間関係などへの期待や緊張等の困難を抱えることもあり，身体的にも社会的にも心理的にも大きな変化を体験することになる。

1　知的面の発達

　児童期は，知的発達の大きい時期である。幼児期の子どもの思考は，まだものの見た目に左右されやすい。児童期の発達段階では，具体的事物についての論理的思考が可能になる。ピアジェによる思考の**発達段階**では，「前操作期」から「具体的操作期」への発達の時期にあたる。たとえば，体重計に片足で乗ったりつま先立ちしたりして，体重に変化があるかどうか質問すると，幼児期の子どもは，「（片足やつま先立ちをすることで）体重が少なくなる」と答える。「保存性の概念」（ピアジェ）がまだ獲得されていない段階にあるからである。児童期になって，保存性を獲得した子どもは，「体重に何かを付け加えたり取り去ったりしていないから体重に変化はない」と説明できる。しかし，目の前で観察することができない事がらについては，まだ論理的に考えることができない。抽象的な概念や，想像上の，あるいは架空の事がらについて論理的に考えることができるようになるのは，「形式的操作期（11，12歳頃以降）」になってからである。このように，児童期は大きな知的発達のみられる時期であるが，**9歳の壁**といわれるように，一時的に認知能力の伸びが低下する時期もみられる。エリクソンは人間の生涯を8つの段階に分け，各段階に発達課題と，その課題を達成されないことによる危機状況との関係を示しているが，児童期の発達課題は「**勤勉性（生産性）**」対「**劣等感**」とされている。学習面でのつまずきが劣等感とならないような配慮が必要であろう。

発達段階：
第2章／2 思考の発達／◼ ピアジェによる思考の発達段階説（p.89）参照

9歳の壁：
この時期の一時的な認知能力発達の伸びの低下と，小学校での教科内容の高度化があいまって壁が構成されるといわれている。

> ●コラム● 「小１プロブレム」と幼保小連携
>
> 「小１プロブレム」というのは，学校という空間での初めての集団生活になじめない小学校１年生にみられる現象で，授業が始まっても教科書を出さない・騒いだり動き回ったりする・教師の注意をきかない等の状況をいいます。やはり，授業中に立ち歩きや私語・奇声を発する児童や，自己中心的な行動をとる児童によって授業が成立しない現象である。小学校高学年の「学級崩壊」とはその背景や現象にも違いがあるとされ，学級の崩壊ではなく，「学級未成立」によるものといわれています。幼稚園・保育所から小学校への接続期である，入学直後に生起しますが，２学期になっても３学期になってもその状況がかわらないケースもみられます。
>
> 近年，幼稚園・保育所と小学校の連携（「幼保小連携」）が注目されるようになった背景として，この「小１プロブレム」の問題があるといわれています。遊びを通して学ぶことを中心とした園生活と各教科の授業を中心とした学校生活との違いになじめないこと，幼・保から小学校への移行期の段差の問題がその要因の一つと考えられるからです。
>
> 「小１プロブレム」への対応策として，立川市では平成16年度より，幼稚園教諭や保育士の経験者を，「学校生活協力員」（市教委の委託職員）として派遣しています。小学校１年生を学校生活に慣れさせることを目的として担任の補佐をします。幼稚園教諭や保育士の子どもへの援助力の活用に期待が寄せられているということです。また，同年度から，幼小の連携をはかるために，大阪府教育委員会によりモデル校・園が設置され，小学校と公立幼稚園との間で教師の人事交流も始められています。

❷　社会性の発達

この年齢の頃は，学校でも学外でも同年齢の仲のよい友達とともに行動し過ごす時間が多くなり，綿密な仲間関係を形成するようになる。小学校の中学年頃からは，同性の数名のメンバーで集まって遊ぶ集団が形成され，児童期後期になると仲間関係はさらに強まる。こうした時期を「ギャングエイジ」，仲間集団を「ギャング集団（徒党集団）」という。常に友達と徒党を組んで行動し，集団の閉鎖性が特徴的，集団内のつながりは密接，仲間だけのルールがあり，時には反社会的な行動をとることもある。仲間と集団で行動することによってぶつかったり，仲直りしたりしながら協調性を身につけるなど，様々な社会性を身につけていく。子どもたちの発達にとって大切なプロセスである。また，精神医学者サリヴァン（Sullivan）によると，前青年期にあたるこの頃には，特定の同性同年輩の友人のことが自分と同等に大切になり，このような同性同年輩の親友関係を「チャムシップ」と呼んで，人間の精神発達上重要な意味をもつという。

こうした仲間関係を中心とした社会性の発達について考えるとき，いじめの件数が小学校１年〜３年で特に増加しているとの文部科学省調査結果は看過できない。かつて，いじめは思春期に増加すると言われていたが，中学校が小学校を上回って推移していた認知（発生）件数も2013年より逆転している。保育（幼稚）園児にも無視や仲間はずれ等の関係性攻撃がみられる

チャムシップ（chum ship）

調査結果：
平成30年10月25日文部科学省初等中等教育局児童生徒課による，全国の小中高校などで2017年度に把握されたいじめの件数。1000人当たりの認知（発生）件数は2012年までは中学校が小学校を上回って推移していたが，2013年より逆転している。

関係性攻撃：
第２章／❻道徳性の発達／❸攻撃行動（p.72）参照

第2章　子どもの発達過程　99

ことが報告されていること，発達の連続性から幼保から小への接続，幼保小の連携等において，子ども達の仲間関係やいじめ等の問題行動への対応に従来以上の支援が必要となってきていることが示唆される。

❷　青　年　期

青年期は子ども（児童期）から大人（成人期）への移行の時期である。

児童期までの比較的安定した情緒面が大きく揺らぎ，人格を自覚的に再構成する時期であり，「第二の誕生」の時期ともいわれる。こころと身体の両面に大きな変化がみられる。

知的発達においても，青年期には「形式的操作期」に入り，抽象的な論理操作が可能になるとされる。また，人生における大きな選択として，進路や職業の選択を行う時期でもある。

青年期にあたる時期は，日本の場合，中学校（青年前期），高等学校（青年中期），大学（青年後期）の時期である。年齢的区分としては，エリクソンによれば 12 歳頃〜20 歳頃の年齢である。身体の著しい性的な差異，「第二次性徴」の出現による区分（思春期）もある。日常的にも用いられている思春期という時期が何歳頃の年齢を指すのかについては必ずしも定説があるわけではない。各心理学辞典により，10〜15 歳を思春期としているもの，思春期前期（12〜14 歳），後期（15〜17 歳）と区分したり，12〜14 歳を狭義の思春期，12〜17 歳を広義の思春期と呼んだりしている。近年，ライフ・サイクルにおける青年期の時期が延長していることが指摘されている。発達加速現象により，青年期の始まりが前傾して低年齢化の傾向にあり，高学歴化，晩婚化等により終わりが遅れて，以前より長期化していることを青年期延長という。ただ，日本の場合，30 代前半頃までを青年期ということも多く，青年期を区切る境界そのものがあいまいになりつつある。

❶　心　理　的　特　徴

この時期を形容する表現として，「疾風怒濤」が使われるように，さまざまな心理的特徴もみられる時期である。内的な緊張や，やり場のない衝動等，青年期の情緒は強烈で不安定，性的・身体的に大きな変化がみられる。成熟に向けてのプロセスには精神面にも大きな影響があり，思春期危機と呼ばれる一過性の精神変調や行動異常がみられることもある。それは，時として統合失調症と見紛うほどの大きな変調として現われることもあるが，一過性のものであり，時期が過ぎればおさまっていく。

人格面での発達については，シュプランガーにより青年期の心的構造としてあげられた「自我の発見」がある。「自我の発見」とは，自己の内面に目が向けられ，各自のユニークな自己の世界が主観的に発見されることをいう。

統合失調症：
統合失調症（かつての病名：精神分裂病）は，思春期以降に発症するのが一般的といわれている。100 人に 1 人くらいの罹患率で，国や地域，時代，男女の差はないと考えられている。個人の発病脆弱性と社会生活上のストレスの相互作用によって発症すると考えられ，適切な抗精神薬や周囲からの支えにより良い予後が得られるとされている。

8つの段階：
第1章／**3**生涯発達と発達援助／**1**人生周期と漸成（p.19）参照
第1章／**1**発達理論／**2**エリクソンの理論（p.37）参照

アイデンティティの確立：
青年期以降も，引き続き問い返され，生涯を通じてアイデンティティを問い直し形成していく。

心理的に独立：
ホリングワース，L.S. は乳児期の生理的離乳に対して，「心理的離乳」と呼んだ。

親友関係：
心理的な依存の対象が親から友人に移行。

からだの発達：
第2章／**2**身体的機能の発達／**5**生殖機能（p.81）参照

第2の発育スパート：
（図1−11 スキャモンの発育曲線（p.41）参照）人間の身体の成長速度のうち，顕著な成長を示す2つの時期が乳幼児期の成長・発育スパートと思春期のそれである。

初潮：
世界的にみて日本における初潮年齢は，最も早熟の傾向であるとされている。

個人差：
身体的な成熟時期の個人差が悩みや自信のなさを生むこともある。

エリクソンは人の生涯を**8つの段階**（階層）に分け，それぞれの段階における「発達課題」と「危機」を表しているが，青年期の課題として「**アイデンティティの確立**」をあげている。アイデンティティは自我同一性と訳されている。「自分は何者なのか，目指す道は何か，社会の中でどのような意味ある存在なのか，人生の目的は何か」などの問いに対して，肯定的で確信的に答えられることが，アイデンティティの確立を示す重要な要素と考えられている。こうした自己探求の際に，自己が混乱し，自己の社会的位置づけを見失しなった状態をアイデンティティ拡散としている。希望を喪失したり，自意識過剰や自己を社会的に望ましくない役割に同一化したりするなどの状態となる。人生の理想像や価値観の混乱といった心理状態を，程度の差はあっても多くの青年が経験すると考えられている。また，エリクソンは青年期の特質を「**モラトリアム**」（猶予期間）と呼んだ。一人前の社会人として役割を果たす前に，青年には社会的責任や義務がある程度猶予されており，モラトリアムの間に，自己探求し，社会的にも心理的にも成長することができる。

人間関係に関しては，自我の独立に目覚め，大人や既成の権威に反発する**反抗**的態度が示される時期（「第二反抗期」）が顕れ，児童期まで依存してきた親から**心理的に独立**しようとし，自分の行動や態度を自分の意志で決定しようとする。しかし，親への口答えや拒否を表す青年前期にも，依存や甘えも認められる。親から離れ自立しようとする傍ら，思春期特有の親密な人間関係の中で，孤独感やもどかしさなどを仲間と共有しながら自己を見つめ直したり自分らしさを探したりする。家族との関係が自己意識のベースであった児童期までと変わり，そうした仲間との関係をベースにして自己意識を広げ，人格を自覚的に再構成しながら次第に自立へと向かっていく。人とは異なったユニークな自分らしさを発見し，大切にしたい一方で，**親友関係**を求め，仲間に合わせ行動を共にし，流行にも敏感な時期といえる。

2 **からだの発達の特徴**

青年期の生理的・身体的変化としては，性的成熟や身長・体重等体位の面の爆発的成長（**第2の発育スパート**）が特徴としてあげられる。性腺・性器が発達し（第一次性徴），女子は**初潮**，男子は精通がみられる。男女ともに外見的な変化もあらわれ，男子の肩幅や筋肉，喉頭部，声変わり，女子の腰部，乳房の丸み，陰毛・腋毛等，「第二次性徴」といわれる特徴がみられる。

発達には個人差がみられるのが普通であるが，こうした思春期頃の生理的・身体的変化は，早熟・晩熟の**個人差**が大きい。学校等の同年齢の集団では，大きな身体的変化の個人差が顕在化したなかで，各人の思春期の心理的変化

第2章 子どもの発達過程 101

を経験していくことになる。先進国の都市化地域では性的成熟に達する年齢がしだいに早期化する「発達加速現象」が目立ち，都市化に伴う種々の刺激が影響を及ぼすとする説もある。

3 不登校，いじめ，ひきこもり ー 思春期の問題行動

　思春期を迎える中学生頃には問題行動が表出しやすく，たとえば，不登校については，児童期と比べて大きく増加する傾向がみられる。

　いじめによる中学生の自殺という痛ましい事件が報じられたのは1986年のことである。そのあまりにも衝撃的な事件は，教育関係者のみならず深く心に刻まれたはずである。その後，四半世紀以上経った今日まで，多くのいじめ問題・事件が生起している。いじめ については，子どもの世界にも大人の間にもみられ，文部科学省調査の結果 によれば，近年はとくに思春期に増加するとはいえなくなってはいる。しかし，中学校におけるいじめのなかには想像を絶するような高額の金品を強要したり，一人を何人かの集団で長期に渡っていじめ続けたり，友達グループとみられている仲間の誰かをターゲットとしていじめを繰り返す等々，長期化し非常に陰湿化したいじめもみらる。

　こうした歯止めのかからない攻撃性について，現代の子どもは，自分の中の攻撃性を，比較的安全無害にあらわす術を知らないのではないかとの指摘❷がある。思春期の心理的特性とあわせて，その背景として現代の学校教育システムのなかでの中学校教育の抱える問題や，さらにそれを取りまく社会環境と深く関わる問題ととらえ検討していかなければならない。

　また，青年前期・中期・後期を通してみられる社会的ひきこもりは，家から外出することもなく，長期化したケースでは何年間も自宅（自分の部屋）に閉じこもったまま過ごすといった状態もある。ひきこもりとは，厚生労働省の定義では，「仕事や学校に行かず，かつ家族以外の人との交流をほとんどせずに，6か月以上続けて自宅にひきこもっている状態」とされている。統合失調症，うつ病，強迫性障害等による精神医学的な病理性が高いひきこもり状態とは異なり，精神障害がなくても起こるひきこもり状態を社会的ひきこもりという。内閣府の実態調査によれば，約70万人と推計されている。ひきこもりやニート（職業にも学業にも職業訓練にも就いていない，あるいは，就こうとしない若者）といった困難を抱える青年への支援の推進も図られてきている。

不登校：
年度間に連続又は断続して30日以上欠席した児童生徒数を理由別に調査したうち，何らかの心理的，情緒的，身体的，あるいは社会的要因・背景により，児童生徒が登校しないあるいはしたくともできない状況にある者（ただし，「病気」や「経済的理由」による者を除く）をいう。

増加する傾向：
不登校児童生徒の割合（平成29年度）は，小学校0.54%（185人に1人）であるのに対し，中学校3.25%（31人に1人）である。

いじめ：
文部科学省によるいじめの定義「本調査において，個々の行為が「いじめ」に当たるか否かの判断は，表面的・形式的に行うことなく，いじめられた児童生徒の立場に立って行うものとする。「いじめ」とは，「児童生徒に対して，当該児童生徒が在籍する学校に在籍している等当該児童生徒と一定の人的関係のある他の児童生徒が行う心理的又は物理的な影響を与える行為（インターネットを通じて行われるものを含む。）であって，当該行為の対象となった児童生徒が心身の苦痛を感じているもの。」とする。なお，起こった場所は学校の内外を問わない，とされている。

文部科学省調査：
「平成29年度 児童生徒の問題行動・不登校等生徒指導上の諸課題に関する調査結果について」

●引用・参考文献

❶ヘックマン,J.J.　古草秀子訳『幼児教育の経済学』東洋経済新報社　2015

❷遠藤利彦研究代表「非認知的（社会情緒的）能力の発達と科学的検討手法についての研究に関する報告書」平成29（2017）年3月　国立教育政策研究所　平成27年度プロジェクト研究報告書

❸ Lewis, M. The emergence of human emotions. In M. Lewis& Haviland（Eds.）Handbook of emotions. Guilford Press.　p.p.223～235　2000

❹秋田喜代美「子どもの未来につながる力を幼児期から育む」『これからの幼児教育』ベネッセ教育総合研究所　2015

❺池迫浩子・宮本晃司著　ベネッセ教育総合研究所訳「家庭、学校、地域社会における社会情動的スキルの教育：国際的エビデンスのまとめと教育実践・研究に対する示唆」ベネッセ教育総合研究所　2015

❻大西頼子「コンピテンスを育む学習と教育」　小口忠彦監修『人間の発達と生涯学習の課題』明治図書　2001　p.110

❼ Erikson,E.H. Chiidhood and Society(enlarged,revised). New york:Norton,1963（仁科弥生訳『幼年期と社会』みすず書房　Ⅰ：1977　Ⅱ：1980）

❽小口忠彦編『人間の発達過程　ライフサイクルの心理』明治図書　1983

❾柳澤慧『サイレント　ベビー』クレスト社　1998

❿小此木啓吾『モラトリアム人間の時代』（中公叢書）中央公論社　1978

⓫エバンス,R.I.,　岡堂哲雄・中園正身訳『エリクソンは語る―アイデンティティの心理学』新曜社　1981

⓬ロウ,G.R.,　西川好夫訳『人間性の発達』法政大学出版局　1980

⓭高橋道子「笑う―微笑の発達を中心にして」『心理学評論』vol.35　1992

⓮近藤龍彰「幼児期の情動理解の発達理解における現状と課題」神戸大学大学院人間発達環境学研究科　研究紀要第7巻　第2号　2014　p.p.97－111

⓯スターン,D.N.,　小此木啓吾・丸田俊彦監訳『乳児の対人世界』（理論編・臨床編）　岩崎学術出版社　1989

⓰小林登，バーニー,T.『胎児は見ている』（黄金文庫）　祥伝社　2000

⓱長谷部比呂美・池田裕恵・日比曉美・大西頼子「保育者評定による最近の幼児に見られる変化―小1プロブレムの背景要因」淑徳短期大学紀要　第54号　2015

⓲ University of Wisconsin-Madison. "Poverty influences children's early brain development." ScienceDaily. ScienceDaily, 11 December 2013.

⓳セルマン,R.L. & シュルツ,L.H. 著　大西文行監訳『ペア・セラピィ：どうしたら よい友だち関係がつくれるか』北大路書房　1996

⓴岩立京子「道徳性の芽生えに関する研究・実践の動向」　小田豊・押谷由夫編著『保育と道徳』保育出版社　2006

㉑磯部美良・佐藤正二「幼児の関係性攻撃と社会的適応」日本教育心理学会総会発表論文集42（0）　p.344　2000

㉒畠山美穂・山崎晃「自由遊び場面における幼児の攻撃行動の観察研究：攻撃の タイプと性・仲間グループ内地位との関連」発達心理学研究　13（3）　p.p.252-260　2002　ほか

㉓磯部美良・佐藤正二「幼児の関係性攻撃と社会的スキル」教育心理学研究　51（1）p.p.13-21　2003

㉔畠山美穂・畠山寛「関係性攻撃幼児の共感性と道徳的判断，社会的情報処理過程の発達研究」発達心理学研究　23（1）　p.p.1-11　2012

㉕ピアジェ,J. 著　大伴茂訳『臨床児童心理学Ⅲ　児童道徳判断の発達』同文書院　1957

㉖コールバーグ,L.『道徳性の発達と道徳教育』麗澤大学出版会　1987

㉗ウォルター・ミシェル著，柴田裕之訳「マシュマロ・テスト：成功する子・しない子（The marshmallow test : mastering self-control)」早川書房　2015

㉘小泉英明『脳は出会いで育つ―「脳科学と教育」入門』青灯社　2005

㉙池田裕恵編著『子どもの元気を取り戻す保育内容「健康」―乳児期から幼児期の終わりまでを見通して』（改訂第2版）杏林書院　2018

㉚西原克成『赤ちゃんの進化学』日本教文社　2000

㉛池田裕恵・志村正子編著『子どものこころ，子どものからだ』八千代出版　2003

㉜村瀬孝雄『中学生の心とからだ―思春期の危機をさぐる』（新版）岩波書店　1996

第3章
子どもの学びと保育

1　乳幼児期の学びに関わる理論

1　乳幼児の学びと保育

　心理学で「学び」(学習)という場合には、いわゆる教科学習ではなく、「さまざまな経験を通して身につける比較的長続きのする行動の変容」を指す。特に、乳幼児期の学びは、教科を中心とする小学校以上の教育と異なり、生活のなかでのさまざまな体験や遊び、すなわち環境を通して行われる点が特徴的である。

　さらに、現行の「保育所保育指針❶」や「幼稚園教育要領❷」、「幼保連携型認定こども園教育・保育要領❸」に鑑みても、保育所や幼稚園、こども園は、子どもたちが、生涯にわたる人格形成の基礎を培う重要な時期に生活時間の多くを過ごす場であり、そこでの保育・教育が小学校以降の生活や学習の基盤の育成につながることに配慮し、「幼児期の終わりまでに育って欲しい姿」を小学校教員と共有するなど、小学校教育への円滑な接続のために連携を図ることの重要性が謳われている。

　「幼児期の終わりまでに育って欲しい姿」は、幼児の小学校就学時の具体的な姿であり、教師や保育士、保育教諭が指導を行う際に考慮するものとさ

れている。

表3－1
幼児期の終わりまでに育ってほしい姿

（保育所，幼稚園，幼保連携型認定こども園という名称は削除）

❶ 健康な心と体

生活の中で，充実感をもって自分のやりたいことに向かって心と体を十分に働かせ，見通しをもって行動し，自ら健康で安全な生活をつくり出すようになる。

❷ 自立心

身近な環境に主体的に関わり様々な活動を楽しむ中で，しなければならないことを自覚し，自分の力で行うために考えたり，工夫したりしながら，諦めずにやり遂げることで達成感を味わい，自信を持って行動するようになる。

❸ 協同性

友達と関わる中で，互いの思いや考えなどを共有し，共通の目的の実現に向けて，考えたり，工夫したり，協力したりし，充実感をもってやり遂げるようになる。

❹ 道徳性・規範意識の芽生え

友達と様々な体験を重ねる中で，してよいことや悪いことが分かり，自分の行動を振り返ったり，友達の気持ちに共感したりし，相手の立場に立って行動するようになる。また，きまりを守る必要性が分かり，自分の気持ちを調整し，友達と折り合いを付けながら，きまりをつくったり，守ったりするようになる。

❺ 社会生活との関わり

家族を大切にしようとする気持ちをもつとともに，地域の身近な人と触れ合う中で，人との様々な関わり方に気付き，相手の気持ちを考えて関わり，自分が役に立つ喜びを感じ，地域に親しみをもつようになる。また，園内外の様々な環境に関わる中で，遊びや生活に必要な情報を取り入れ，情報に基づき判断したり，情報を伝え合ったり，活用したりするなど，情報を役立てながら活動するようになるとともに，公共の施設を大切に利用するなどして，社会のつながりなどを意識するようになる。

❻ 思考力の芽生え

身近な事象に積極的に関わる中で，物の性質や仕組みなどを感じ取ったり，気付いたりし，考えたり，予想したり，工夫したりするなど，多様な関わりを楽しむようになる。また，友達の様々な考えに触れる中で，自分と異なる考えがあることに気付き，自ら判断したり，考え直したりするなど，新しい考えを生み出す喜びを味わいながら，自分の考えをよりよいものにするようになる。

❼ 自然との関わり・生命尊重

自然に触れて感動する体験を通して，自然の変化などを感じ取り，好奇心や探究心をもって考え言葉などで表現しながら，身近な事象への関心が高まるとともに，自然への愛情や畏敬の念をもつようになる。また，身近な動植物に心を動かされる中で，生命の不思議さや尊さに気付き，身近な動植物への接し方を考え，命あるものとしていたわり，大切にする気持ちをもって関わるようになる。

❽ 数量や図形，標識や文字などへの関心・感覚

遊びや生活の中で，数量や図形，標識や文字などに親しむ体験を重ねたり，標識や文字の役割に気付いたりし，自らの必要感に基づきこれらを活用し，興味や関心，感覚をもつようになる。

❾ 言葉による伝え合い

先生や友達と心を通わせる中で，絵本や物語などに親しみながら，豊かな言葉や表現を身に付け，経験したことや考えたことなどを言葉で伝えたり，相手の話を注意して聞いたりし，言葉による伝え合いを楽しむようになる。

❿ 豊かな感性と表現

心を動かす出来事などに触れ感性を働かせる中で，様々な素材の特徴や表現の仕方などに気付き，感じたことや考えたことを自分で表現したり，友達同士で表現する過程を楽しんだりし，表現する喜びを味わい，意欲を持つようになる。

2　レスポンデント条件づけ（古典的条件づけ）

パブロフ（Pavlov,I.）のイヌを使った実験に基づいた理論である。イヌに，メトロノームの音を聞かせると同時に口の中に肉粉を吹きつけるということを繰り返したところ，イヌはエサを提示されなくても音が聞こえるだけで唾液を分泌するようになった。その後，音だけを聞かせエサを呈示しないということを繰り返すと，唾液分泌はしなくなる。この現象を「消去」という。

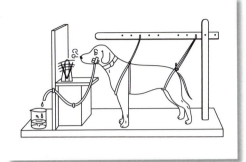

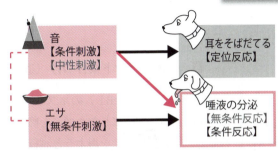

2つの刺激を時間的に接近させて呈示する（赤い点線）ことで，新たな「刺激ー反応（赤い矢印）」が生じる。

図3－1
パブロフの実験装置

レスポンデント条件づけ（古典的条件づけ）：
第2章／①社会情動的発達／⑦子どもの学び（p.75）参照

図3－2
レスポンデント条件づけの図式

■事例　「ワトソンによる恐怖条件づけ」

ワトソン（Watson,J.）が，生後11か月のアルバート坊やに，白いネズミを見せると共に金棒を金槌で叩き大きな音（恐怖刺激）を対呈すると，アルバート坊やはネズミを怖がるようになった。このことからワトソンは，「恐怖症」はレスポンデント条件づけによって作り出された状態であるとした。その後，サンタクロースのお面のひげなど白く柔らかそうな物に対しても恐怖反応が喚起される（般化）ことを示した。本来，このような実験は人道的に許されるものではないが，ワトソンは，ネズミと大きな音を対呈示することを止めると恐怖反応が「消去」されることも実証している。

般化：
あるところで身につけたことが同様の別の場面でも生じること

消去：
レスポンデント条件づけにおいて，無条件刺激を呈示しなかったり，オペラント条件づけにおいて好子（p.107参照）を除去（弱化）したりする手続きを繰り返すと，条件反応の生起率が減少していくこと。

『だいじょうぶ　だいじょうぶ』(いとうひろし　1995)という絵本がある。友達や勉強のことなど，なかなか思うようにいかない身の回りのことについていろいろと心配する孫に対し，祖父はいつも「だいじょうぶ　だいじょうぶ」と優しく声をかけ続ける。孫は大きくなるにつれ，祖父の言葉通り「この　よのなか　そんなにわるいことばかりじゃない」ことを知る。つまり，レスポンデント条件づけによって学習された恐怖や不安などのマイナス感情を「消去」するためには，安心できる状況で心配している不安なことは起こらない（大丈夫！）という体験を積むことが重要であると言えよう。そして，最後に孫は「こんどは　ぼくの　ばん」と言い，病床にある祖父の手を握り，何度も「だいじょうぶ　だいじょうぶ」と繰り返すまでに頼もしく成長するのである。

3　オペラント条件づけ（道具的条件づけ）

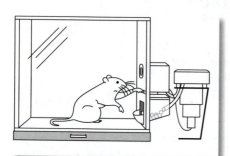

図3-3
スキナーの実験装置

スキナー（Skinner,B.F.）のネズミを使った実験に基づいた理論である。空腹にしたネズミを図3-3のような箱に入れると，ネズミはエサを得ようと試行錯誤の行動を行う。箱の中には，押すとエサの粒が出てくるレバーがあり，たまたまネズミがレバーに触れてエサが得られると，盛んにレバーを押すようになる。このように，自発的な行動に対し「好子（報酬となる結果）」が与えられるとその行動の出現率は上がる。これを「(正の)強化」といい，単に「強化」という場合，こちらを指すことが多い。

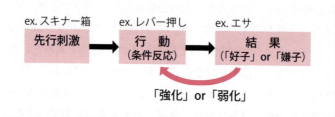

図3-4
オペラント条件づけの図式

[強化] 行動を増やす：正の強化（好子を呈示）
　　　　　　　　　　　負の強化（嫌子を除去）

[弱化] 行動を減らす：正の弱化（嫌子を呈示）
　　　　　　　　　　　負の弱化（好子を除去）

図3-5
強化と弱化

第3章 子どもの学びと保育 107

■事例 『かんしゃく』をオペラント条件づけから考える

4歳児クラスの女児ちひろちゃんは，外遊びを止めて保育室に入らなければならないとき，かんしゃくを起こして泣き叫んだり，スコップを投げつけたりします。なぜでしょうか？やめさせるには，どうすればいいでしょうか？

オペラント条件づけに基づいて考えると，「以前に同じような状況でその行動をしたら何らかのいいこと（好子）が与えられたから，または，嫌なこと（嫌子）がなくなったから」となる。この事例では，「『そろそろお部屋に入ろうね』と先生に言われたとき，かんしゃくを起こして泣き叫ぶと，先生が『もう少しだけね。』と言って遊ばせてくれたから」等が考えられる。

したがって，この「かんしゃく」をなくすには，「消去」という手続きが有効となる。オペラント条件づけにおける消去とは，これまで強化されてきた行動をとっても期待するような結果が起こらないため，その行動の出現率が減少することである。つまり，いくら泣きわめいても保育室に連れて行かれ，遊び時間が長くなるということが起きない場合，ちひろちゃんの「かんしゃく」は次第に減少していく。ただし，強化されてきた行動が消去され始めると，一時的に以前よりもその行動が強く生じることがある。激しいかんしゃくへの対応は骨が折れるが，「消去」が始まった合図ととらえ，保育者は焦らないようにしたい。

そして，ちひろちゃんがあきらめて泣きやんだところで，すかさず泣きやんだ行動を「強化」することが肝要である。「ちひろちゃん，泣くのやめてえらいな！」とほめながら，ちひろちゃんの手の爪に小さいハートのシールを貼ってあげてはどうだろう。最初のうちは毎回シールを貼って連続強化し，徐々に間隔を空けていく（間欠強化）とより効果的である。また，「嫌子」（罰となる結果）を取り除くことで，ある行動の出現率を増大させることを「負の強化」という。ちひろちゃんが，「かんしゃく」を起こし泣きわめくことは自分としても気分が悪いと感じられるようになると，「かんしゃく」を起こさずにすむであろう。

さらに，外遊びの後かんしゃくを起こさずに保育室に入れた場合も，すかさず「（名前を呼び，満面の笑顔で）ちひろちゃん，えらいな！すぐにお部屋に入れたね！すぐにお部屋に入ると給食まで好きなレゴもたくさんできるね。（ハイタッチ）」というような言葉かけをする。社会的に望ましい行動を取ることにより自分にも良い結果がもたらされることを子ども自身が理解し，見通しを持って行動できるよう導いていくことが重要である。すると，子どもは成功体験は努力によって導き出されたものであると考えることができるようになる。これは原因帰属という概念で，ワイナー（Weiner,B.）らが，

連続強化・間欠強化：
毎回好子が与えられる「連続強化」より，いつ好子が与えられるかわからない「間欠強化」の方が，行動が維持されやすいとされている。俗に言う「ギャンブル依存症」の人がなかなかギャンブルを止められないのと同じ原理である。

好子・嫌子：
「好子」と「嫌子」を併せて「強化子」と呼ぶ。「嫌子」は「罰子」と呼ぶこともあるが，罰は体罰等を連想させることから「嫌子」と呼ぶことが多くなっている。

統制の位置／安定性	内的統制	外的統制
固定的	能力	課題の困難度
変動的	努力	運

表3−4
成功や失敗の認知の決定
要因

コンピテンス：
ホワイト（White,R.W.）
により提唱された。自己
の活動の結果として環境
に効果や変化をもたらす
ことができたという効力
感（feeling of efficacy）
のことである。コンピテ
ンスにより発達や学習過
程で生じるさまざまな活
動が動機づけられ，技能
や活動が熟達していく。
そして，それはさらに自
己の能力への自信を生
み，環境とのより効果的
な相互交渉を可能にして
いくといえる。

レジリエンス：
精神的なダメージを受け
たときにそこから立ち
直っていく力のことで，
「精神的回復力」や「心
の弾力性」とも言われる。
コンピテンスの高い人は
レジリエンスも高いと考
えられる。

提唱し，統制の位置と安定性から
成功や失敗の認知の決定要因を分
類した。内的統制型は，自己の内
的条件（自己の能力や努力など）
により，状況を統制できると認知
するタイプのことである。一方，外的統制型は，外的条件（課題の困難度や
運など）により，状況が統制されていると認知するタイプである。一般的に，
高いレベルで何かを成し遂げようとする高達成動機群の人は，成功や失敗の
決定的要因を「努力」に，低達成動機群の人は「運」に帰属させる傾向があ
るという。

　子どもの**コンピテンス**が高まると，望ましい行動は持続していく。爪にハー
トのシールを貼ってもらえなくても，先生に褒めてもらえなくても，かんしゃ
くを起こさず時間になったら外遊びを止め保育室に入って別の遊びに取り組
めるようになるのである。

　このように，行動の動機づけが，報酬を得る手段として行動を引き起こす
「外発的動機づけ」から，関心や意欲，好奇心によって行動すること自体が
目的となる「内発的動機づけ」へと切り替えられていくことを，オルポート（
Allport, G.W.）は「機能的自律性」と呼んだ。自分の努力で何とかできると
いうコンピテンスを持つことは，多少のフラストレーションや困難に積極的
に立ち向かわせる力（**レジリエンス**）となる。

　これについては，セリグマン（Seligman,M.E.P.）らの「学習性無力感」に
関するイヌの実験が示唆に富む。パネルを頭部で押すと電気ショックが止め
られる装置に，一匹のイヌを入れる。また，もう一匹のイヌを，何をやって
も電気ショックを止めることのできない装置に入れ，両者の行動を観察した。
すると，前者のイヌは，パネルを押すと電気ショックを回避できることを学
習し，自発的にパネルを押すようになった。しかし，後者のイヌは何をやっ
ても回避できないため，ついには何もしなくなり，甘んじて電気ショックを
受けるだけになった。続いて，両者ともに，あらためて，電気ショックを回
避できる装置に移動させ実験を続けたところ，前者のイヌは，回避行動を自
発的に行ったのに対し，後者のイヌは，回避行動をしようとはしなかった。
つまり，「回避不能な嫌悪刺激にさらされ続けると，その刺激から逃れよう
とする自発的な行動を起こさなくなる」のである。これら一連の実験結果か
ら，セリグマンは「無気力状態」は学習されるものであるとし，この現象を「学
習性無力感」と呼んだ。失敗やマイナス評価を受ける体験が続くと「どうせ
いくらやってもできっこない」というあきらめの境地に陥ってしまう。まず
は，成功体験のできるサポートや温かく認める言葉かけが重要なのである。

　また，家族にかんしゃく持ちの人がおり，その人がかんしゃくを起こすと

家族がその人のいうなりになるというような状況があると，子どもは同じように行動する（観察学習（モデリング））場合がある。家庭とも連絡を取り合い，問題行動の背景理解に努めたい。

「強化」についてみてきたが，行動の出現率を下げる操作のことを「弱化」と呼ぶ。ある行動に「嫌子」（罰となる結果）を与え，行動の出現率を減少させることを「正の弱化（罰）」という。「罰」は体罰等を連想させることから「弱化」と呼ぶようになってきている。例えば，給食の最中に立ち歩く子どもに着席行動を取らせたい場合，離席したタイミングで注意（嫌子）をすることで離席行動を減らそうとするものである。しかし，この場合，「注意される＝注目される（好子）」となっていないか留意する必要がある。

また，「好子」を取り除くことである行動の出現率を減少させることを「負の弱化（罰）」という。例えば，給食の最中に立ち歩く子どもに着席行動を取らせたい場合，離席したタイミングで給食のデザートを一時的に取り上げ，着席行動が持続するようになったら返すなどである。当然ながら，弱化を行う場合には，保護者に事前に丁寧に説明し理解を求めるなど，細やかな配慮が必要となる。

■事例 「気になる子どもたち①　ADHD」

　5歳児クラスの男児つばさ君は，給食の最中に立ち歩いたり，みんなで歌を歌っているときに他の子どもに話しかけたりすることがよくあります。また，ブランコの順番を待つことができず列に割り込んだり，散歩中に道路へ飛び出しそうになったりすることもあります。つばさ君の様子が気になっていたお母さんが，つばさ君を連れて小児科を受診したところ，ADHD の可能性があると診断されました。

注意欠如・多動性障害は，発達障害の一つで，事例のような不注意，多動性および衝動性の症状がみられる。

　レスポンデント条件づけやオペラント条件づけなど，動物実験から得た知見をヒトに応用した治療方法を「行動療法」という。オペラント条件づけの理論に基づいた行動療法の代表的なものとして，「トークンエコノミー法」や「タイムアウト法」がある。行動療法は，発達障害の子どもに適応行動を形成していくうえで有効である。

　トークンエコノミー法とは，子どもが望ましい行動をとったときにトークン（ポイント）を与え，トークンを貯めるとごほうびと交換できるシステムを作り，まずは子どもの外発的動機づけを高める方法のことであり，「（正の）強化」に当たる。

観察学習（モデリング）：バンデューラ（Bandura,）によって提唱された。モデルを観察することで行動を身につけることである。バンデューラの攻撃行動の実験（p.75 参照）からもわかるように，子どもは他者の様子を観察することによって自分の行動のレパートリーを増やしていくが，実際にその行動をとっていいのかを判断することを保育者は子どもたちに考えさせていかなければならない。

ADHD（Attention Deficit Hyperactivity Disorder）：「注意欠如多動症／注意欠如多動性障害」発達障害者支援法（2005）では，「注意欠陥多動性障害」とされている

予め子どもと話し合って特典の内容を決めておき，努力すればごほうびが得られるということを，子どもが理解していることが重要である。約束シート（契約書）などを作るとより意識が高まるだろう。成功体験を積み重ねるうちにコンピテンスが高まり，ごほうびがなくても望ましい行動を取れる（内発的動機づけ）ようになっていく。

タイムアウト法とは，特定のものや行動を一定時間取り去り，子どもの問題となる行動を減少させることで，「負の弱化（罰）」に当たる。実施方法は，①「おしゃべりをやめましょう。やめないとタイムアウトよ」と警告を出す。② 警告に従わない場合，タイムアウト用のスペースに連れて行く。その場所はおもちゃ等の魅力的な刺激を取り去った「つまらない」ところにしておく。③ 制限時間が来たら「タイムアウトはおしまい」とだけ伝え，叱ることはせず，終わりにする。

予め子どもと話し合い，「注意されても許しがたい行動を止めず，しなければならないことをしないときタイムアウトが適用される」ことを，子どもが理解していることが重要である。教職員間で共通理解を図るようにし，タイムアウト用のスペース，制限時間（長くても5分間程度がよい）等について決めておく。保護者に対しても誤解のないよう説明しておくことが必要であろう。

「通常の学級に在籍する発達障害の可能性のある特別な教育的支援を必要とする児童生徒に関する調査結果について」（文部科学省，2012）❹は，全国（東関東大震災のため岩手，宮城，福島の3県を除く）の公立小・中学校の通常学級に在籍する児童生徒 53,882 人（小学校：35,892 人，中学校：17,990 人）を対象として実施（回収率　97.0%）された調査結果である。学習面（「聞く」「話す」「読む」「書く」「計算する」「推論する」）については LD，行動面のうち「不注意」「多動性－衝動性」については ADHD，「対人関係やこだわり等」については知的発達の遅れを伴わない高機能自閉症に関する質問紙を，それぞれ参考にして項目が作成されている。回答は担任教員が記入し，特別支援教育コーディネーターまたは教頭（副校長）による確認を経て提出されたもので，発達障害の専門家チームによる判断や，医師の診断によるものではない。

その結果，「学習面又は行動面で著しい困難を示す」とされた児童生徒の割合は 6.5% であった。2002 年に行われた同様の調査（ただし全国ではなく5地域のみを対象）でも 6.3% とほぼ同数値となっており，40 人学級において約2名の対象者が在籍する結果となっている。「不注意」又は「多動性-衝動性」の問題を著しく示すとされた児童生徒の割合は 3.1%，「対人関係やこだわり等」の問題を著しく示すとされた児童生徒の割合は 1.1% であった。保育所・幼稚園では，特別支援教育支援員が配当されることもあり，障

LD（Learning Disorder）：
発達障害者支援法（2005）では，「学習障害」とされている。米国の精神医学会の診断基準（DSM-5）では，SLD（Specific Learning Disorder）限局性学習症／限局性学習障害とされている。

害のある幼児の積極的な受入が勧奨されている現在，LD や ADHD，ASD などの発達障害を抱える幼児が担当クラスに在籍する可能性は高いと言える。

■事例 「気になる子どもたち②　ASD」

　3歳児クラスの男児しょう君は，友だちと関わろうとせず，手をひらひらさせたり，積み木を横に並べて遊んだりするのが好きなようです。車の種類には大変詳しいのですが，着替えたり，手を洗ったりする際には付き添って一つ一つ指示をしないと難しい状態です。小さいときから視線が合わず表情がほとんど変わらない，指さしなどで要求や興味・関心を伝えることがなく，言葉も出ないなど，しょう君の様子が気になっていたお母さんが，しょう君を連れて小児科を受診したところ，ASD の可能性があると診断されました。

ASD（Autistic Spectrum Disorder）：自閉スペクトラム症／自閉症スペクトラム障害。発達障害者支援法（2005）では，「広汎性発達障害」とされている。

　自閉症スペクトラムを抱える子どもには，社会的コミュニケーションや非言語的コミュニケーションの障害と，限定された反復的な行動や固執，こだわり，感覚の異常などが早い時期からみられる。具体的には，会話や感情の共有，アイコンタクト，表情の読み取り，ごっこ遊び，新しい場所や物事への適応等が難しく，積み木を一列に並べる等の常同運動，オウム返し，特定の音や光に対する過敏性などが見られる。中枢神経系（脳や脊髄）に何らかの要因による機能不全があるとされる発達障害の一つで，スペクトラム（連続体）の名称の通り，知的能力や言語能力については幅広い個人差が見られる。

　治療としては，アメリカのノースカロライナ州で1966年に開発され，1972年から全州規模で実施されているASD児・者に対する包括的な治療教育プログラム（TEACCH）がある。ASD の人たちの障害特性に合わせ，「いつ，どこで，どういう順番で，何をすれば良いか」ということを，単純に構造化し視覚的に提示するものである。「構造化」には，1日のスケジュールや手洗いの手順などを絵カードにして提示し，見通しをもてるようにする「時間の構造化」や，絵本を読む場所や製作をする場所というように空間を区切り，それぞれの活動のみを行う場所として提示する「空間の構造化」などがある。園や家庭において，手洗いの手順を示した絵カードを水道のそばに掲示しておくなどの環境調整を行うことも重要な視点である。

TEACCH（Treatment and Education of Autism and related Communication handicapped CHildren）：自閉症及び関連するコミュニケーション障害の子どものための治療と教育。

2　乳幼児期の学びの過程と特性

1　適応行動の形成

　シェイピングはスキナーにより提唱され，最終的に目指す行動（適応行動）を無理なく一歩ずつスモールステップで段階的に形成する方法のことである。

　例えば，子どもにズボンを履くという行動を取らせたい場合，保育者が子どものお尻の半分あたりまで履かせてやった後，子どもが自分でウエストまで引っ張り上げる。それが確実にできるようになったら，次は太ももあたりからにするというように，最後の部分から徐々に「ズボンを履く」という一連の行動を形成していくと，子どもが達成感を得やすく動機づけを保ちやすい。

　実は，水族館のイルカに芸を教える際にもこのシェイピングが使われている。そのための基本動作の一つは，人の手やボールを的にし，イルカの口先でタッチさせることである。これさえできれば，的を高くすればジャンプになるし，的をプールサイドに持って行けば上陸することもできる。肝心なのは，イルカが望ましい動きをした後にすぐごほうびとしてエサを与える，すなわち「強化」することである。時間が経ってしまってからでは目指す行動が何であるかがわからなくなってしまうからである。イルカとの距離が離れていてすぐエサを与えられないときは，笛を吹いてまず「今の動きは合っている」ことを知らせておき，後で与えるという。

　子どもが適応的行動を身につけるには，毎日の繰り返しが大きな効力を発揮する。着脱衣などの基本的生活習慣に関する動作をなめらかに無意識のうちに行えるようになるまでには，反復練習が欠かせないのである。

　さらにその際，保育者や保護者など周囲の大人が良いモデルになることも重要である。子どもは他者の様子をモデリングすることによって行動レパートリーを増やしていく。皆さんは正しい箸の持ち方や雑巾の絞り方などが身についているだろうか。私たち大人が人的環境として子どもたちに与える影響は大きいのである。

2　アニミズム的思考の揺れ

　男児（5歳）：「おつきさんと　かみなりと　おほしさま　おともだち？」
　　………　「どうして？」
　男児　　　：「おそらに　みんないるもん」

強化：
第3章／1乳幼児期の学びにかかわる理論／3オペラント条件づけ（p.106）参照

女児（3歳）：「はっぱが　こんにちは　してる」
‥‥‥‥‥「しおれちゃってるね」
女児　　　：「あやかのかぜのくすり　のませれば　なおるよ」

（ぐるーぷ・エルソル　1987）

ピアジェは，上記のように月や雷，星などの天体・気象に関することや植物をあたかも意識をもつものであるかのように扱う幼児の「アニミズム」を，未熟性の証であるとした。

しかし，稲垣・波多野（2005）によれば，子どもの概念発達研究に関する現代の研究者たちは，幼児も「素朴理論」と呼ばれる「因果関係を考慮した知識体系」を持つと主張する点で一致している。特に幼児は，栽培・飼育体験などを通して興味・関心を持ちやすい「素朴生物学」の領域（ヒトやヒト以外の動物，植物など）において，ピアジェが想定したよりも高いコンピテンスを持つとしている。つまり，幼児は新しいものに出会った際，それをヒトのようなものであると仮定（擬人化）し，自己を投射することによって外界を理解しようとするからであり，単なる未熟性の証とは言えないのである。

また，幼児が，成長という点で動物と植物を無生物から区別しているかどうかを調べた実験も紹介している（稲垣・波多野　2005）。

4歳児48人，5歳児48人を対象として，ヒヨコ－ニワトリ（動物），花の芽－ヒマワリ（植物），小さいカップ－大きいカップ（人工物）といった見本刺激（図3－6）を掲示し，数時間後の動物／植物／人工物を表しているのはどちらか，また，数か月あるいは数年後の動物／植物／人工物を表しているのはどちらかを尋ねた。4歳児，5歳児ともに，おおむね動物と植物は数か月経つと大きさや形が変化するが，人工物は時間が経っても大きさも形も変化しないと予測することができた。平均正反応率は，5歳児では76％と高かったが，4歳児では57％に留まった。なぜなら4歳児は，植物に対して「花の芽は数時間後に花が咲く」という反応が17％程度みられたからである。稲垣は，この結果は「ジャックと豆の木」の話のように植物の成長の速さを過大評価しているか，正確な時間の概念化が困難であることからくるものであろうとしている。さらに，ここで注目したいのは，8％程度であるが，人工物も時間が経つと大きくなると答えた4歳児がいたことである。課題の教示設定場面として，ヒヨコ－ニワトリに関しては動物園，花の芽－ヒマワリに関しては幼稚園を用いたが，カップに関しては「太郎くんはカップを箱の中に入れて外に遊びに行きました」と言い，実際に小さい箱にカップの絵を入れたという。稲垣らは，4歳児では手品や魔法を連想した子どもたちもいたのかもしれないとしている。いずれにしても，4歳児では

ピアジェ：
第1章／❶発達理論／❸ピアジェの理論（p.38）
第2章／❷思考の発達／❶ピアジェにより思考の発達段階説（p.89）参照

アニミズム：
第2章／❷思考の発達／❶ピアジェにより思考の発達段階説（p.90）参照

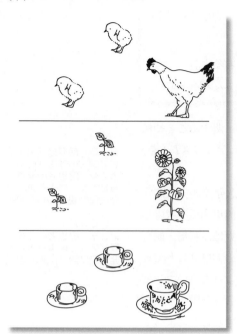

図3-6
動物，植物，人工物に対する見本刺激と選択刺激のカードの例

（稲垣・波多野 2005より転載）

細かな実験手続きの違いによって，現実と空想の境界があやふやになってしまうと言えよう。

さらに「幼児は果たしていつも本当にアニミズム的であるか」という疑問を呈している多くの研究者たちは，「太陽は自分がどこに行くのかを知っていますか？」というようなピアジェが用いた変則的な質問は，子どもを「遊び的モード」にしてしまい，生物学的に（あるいは真面目に）考えることを妨げてしまうとしている（稲垣・波多野 2005）。いいかえれば，アニミズム的反応は，子どもの空想能力を反映しているのであって，本物についての知識が不十分であることを示しているのではないのかもしれないのである。

興味深いのは，ピアジェタイプの質問（たとえば「雨は花に水をあげたがっているのですか？」）で尋ねられると，「ある事物は生きているか」というような直接的な質問には容易に正しく答えられた同じ子どもが，典型的なアニミズム的反応をしてしまうという点である。いいかえれば，子どもは尋ねられる質問のタイプによって，現実モードから非現実モードに切り替わってしまうと言える。つまり，幼児はいつもアニミズム的なわけではなく，適切な質問に対しては生物学的に適った思考ができるのである。

一方で，子どもが「遊び的（非現実）モード」にあえてなる，つまり想像力をふくらませ，イメージの世界に遊ぶことで得られるものも大いにあるだろう。樋口・仲本（2017）は，子どもと保育者が絵本を「読みあう」ことから，子どもが自らの成長につながる遊びの世界を見つけていく姿を紹介している。そのなかで取り上げられているのが，林明子（1989）の『こんとあき』である。園児はぬいぐるみの「こん」を順番に家庭に連れて帰り，一緒にスキーに行ったり，こんの好きなあげ丼を作ったりして過ごした様子を「こん日記」に記し，みんなで共有している。もちろん，「こん」が生きているとは誰も思っていないだろう。しかし，そこでの「こん」は子どもたち一人一人にとって，クラスのみんなと自分を確かに繋いでくれる「心の寄りどころ」としてのイメージを担っているように感じられる。子どもたちの心に深く残る遊びの実践例と言えよう。

第3章　子どもの学びと保育　115

3　乳幼児の学びを支える保育

　ここでは，さまざまな保育場面における乳幼児の学びを『事例』とその『解説』によって構成しています。

　子どもたちの心をもっとくみ汲み取れるようになりたい，けれども心理学は難しそう……というみなさん，まず，『事例（エピソード）』だけでも一読下さい。生き生きとした子どもたちの姿がリアルにイメージできれば，それだけでも有用です。さらに，子どもは何故そのように感じたり行動したりするのか，子ども同士や大人との関わりのなかで子どもは何を身につけているのか，関連する心理学の知見に基づいた『解説』を読み進むことで，子どもの心理への理解が深まることを期待します。

　❶〜❾の各『解説』は，『事例』の全体を包括的に解説したものもあれば，エピソードの一つを取り上げて，発達心理学の知見と結び付けて説明しているものもあります。発達心理学の領域は幅広く，『解説』とは別の観点から読み解くことのできるエピソードもあります。1〜3章に概説した理論や知識が，本項を読んで頂くことによって息づき，人間の心理発達についてさらに関心を持っていただければ幸いです。

事例❶　　「奏ちゃんのお弁当」　【自己体験による学習】

　奏ちゃんはもうすぐ4歳になる女児。小柄でもの静かなかわいい幼児である。

　お母さんはお父さんと奏ちゃんを置いて家を出て行ってしまった。奏ちゃんも哀しいけれど，お父さんにはもっと複雑な感情と生活の不都合が押し寄せてきていた。忙しい仕事と奏ちゃんの養育。小柄で細いお父さんは穏やかではあるが，日々に細くなっているようであった。保育所は夜7時までの保育であったが，お父さんからの要望と事情の説明を受けて，お父さんが夜7時まで勤務ができるよう7時15分までの延長保育を行うことを職員全員で決めた。朝7時半から夜7時15分まで，奏ちゃんは保育所で過ごした。

　お父さんは一生懸命黙々と日々の生活や仕事を行っていて，保育所職員の誰もが応援できるだけの配慮をしたいと思っていた。

　ある日，ベテランのおおらかな性格の調理員のNさんが園長室を訪れて言った。

　　「園長先生，調理室皆の意見ですが，奏ちゃんのお昼の主食は園で出してあげたいと思うのですが……」

園長は嬉しかった。自分でもそう提案したいと思っていたのだ。「ありがとう！」と言ってその日の夕方さっそくお父さんに次のように伝えた。

「朝，登園時に空のお弁当箱を調理室のカウンターに置いておいてください。私たちがご飯を詰めて，奏ちゃんの通園かばんにそっと戻しておきます。7時半にはまだまだ園内には人が少ないですから，きっと誰にも気づかれずにできると思います。」

お父さんは，大変ホッとした表情を見せた。

次の日，そのようにしてお昼の時間が来た。

子どもたちはそれぞれ自分のカバンからお弁当を出して机に置く。副食が配膳されて「おべんと，おべんと，嬉しいな，なんでも食べましょ…」歌って「ご一緒にいただきます」とごあいさつ。そしてみな自分のお弁当を開けて食べ始めた。

しかし，奏ちゃんはお弁当箱を開けたものの，じっと見ているだけで食べようとしない。大分経って保育士が「あら，奏ちゃんどうしたの？」と言っておでこに手を当て，「お熱はないわね」と言いながら行ってしまった。

次の日もその次の日も，少しだけ口に運んだだけで奏ちゃんはお弁当を残してしまった。保育士も心配を始めた頃，お父さんからも連絡があった。

「奏は昼食を食べてないようです」

次の日，お父さんはお弁当箱にご飯を詰めてきた。

なんと！　その日の昼食を奏ちゃんは全部食べたのである。

このことを，お父さんも全職員もある感動を持って受け止めた。奏ちゃんがいかに必死に生きているかを思い知ったのである。そして，保育の専門家として子どもの心を見極めていないことを反省し，恥じたのである。

子どもが体を張って抵抗した姿である。

■　解　説

4歳の奏ちゃんにとって，母親の家出は突然のことではありましたが，それ以前から，子どもなりに，両親の間に漂っているただならぬ空気を感じていたに違いありません。母親は，家を出る前の数か月間は，父親に対する不満，これからの自分自身の生活のことで頭のなかがいっぱいになっていたことでしょう。奏ちゃんに対する後ろめたい思い，でも今の生活には我慢できない自分に対する腑甲斐なさ，そうした葛藤をかかえながらの毎日だったと思われます。家を出るまでの日々は，母親はそばにはいても，その存在は奏ちゃんにとってこころの安定につながるようなものではありませんでした。

葛藤（conflict）：
精神分析学でフロイトが用いた概念で，後，レヴィン,K.らが仕組みを明確にした。複数の欲求が同じ程度の強度をもって同時に存在し，どの欲求に応じた行動をとるかの選択ができずにいる「もつれ」の状態をいう。レヴィン,K.によれば，
接近－接近の葛藤
接近－回避の葛藤
回避－回避の葛藤がある。

「心」は「うら」とも読めます。こころは目に見えない不確かなものです。目に見え，耳に聞こえる「おもて」の言動と，「うら」のこころ，すなわち，気持ちとが食い違っていることを，4歳の幼児は何となく，しかし，確かにからだで感じ取ってきたのです。幼いときからそうした境遇で，そうしたことを体験している子どもは「うら」に非常に敏感になっているものです。大人の想像以上に多くを感じ取り，知っているのです。

　母親が家出をしたあと，奏ちゃんはお父さんから「淋しくってもお父さんがいるから大丈夫。何があっても，お父さんが奏を守ってあげるからね。二人でしっかりと生きていこう」と言われ，困難を乗り超えて前向きに生きていくことを誓い合ったのだと思われます。したがって，お父さんのしてくれること，お父さんの作ってくれるものは，お父さんの奏ちゃんへの愛情であり，誓い合ったことの証であり，すべてであったのでしょう。奏ちゃんはそうしたお父さんのこころや一つ一つの行動に全神経を尖らせて，自分の気持ちを奮い立たせていたのに違いありません。

　保育所の調理員の方たちが，忙しい父親の負担軽減のためにと考えて作ったお弁当に，奏ちゃんがすぐに気付いたことは本文にあるとおりです。「何でお父さんはごはんを詰めてくれないの？」「お父さんは奏を守ってくれるって言ってくれたじゃない」と，「うら」のことを奏ちゃんはいろいろと考えていたのでしょう。

　4歳になると，想像力が発達してきます。奏ちゃんの頭の中では「あーでもない」「こうでもない」と，いろいろな考えが，グルグルと浮かんでは消え，消えては浮かんでいたのでしょう。そして，不安のために，奏ちゃんは疑問の詰まったお弁当箱のごはんには手を伸ばすことができなくなってしまいました。子どものこころとからだの間にはこのように密接な関係があるのです。

　このことに，園長先生はすぐに気付かれました。そしてお父さんからも連絡のあった翌日，お父さんはお弁当箱にご飯を詰めてくれました。そうしたところ，奏ちゃんはその日のお昼ご飯を全部食べたのです。劇的な変化に先生たちは驚き，大変感動しました。

　園長先生は，自分の配慮の浅かったことを反省されました。また，奏ちゃんのこころの内を理解できていなかったことに恥じ入りました。しかし，園長先生や調理員さんたちの優しい気持ちや思いやりはお父さんにも奏ちゃんにも伝わったのではないでしょうか。そして，このできごとで，お父さんも園長先生も，奏ちゃんの感性の鋭さ，お父さんへの思いの深さ，不安が食欲をなくしてしまったことを目の当たりにし，奏ちゃんのことを深く知ることになったと思います。

　奏ちゃんは，自分がおかしいと思ったことに真っ直ぐに向き合っています。

からだ：
第1章／❷乳幼児の発達の理解／❻子どもはからだで考える（p.16）参照

不安：
第1章／❷乳幼児の発達の理解／❼子どものこころとからだ（p.17），第2章／❶乳児期／●希望とは「求めたものは必ず得られる」という確固たる信念（p.50）参照

感性：
思考は感性➡言語➡論理の順で発達する。❿

疑問：
自分の気持ちに気付き納得のいくまで探索ができたことから，父親との信頼関係が確立されていることが分かる。
第1章／**4**子どもの気付きと理解／**4**自分の気持ちや考えへの気付き（p.35）

勇気：
勇気をもつとは，自分に素直になって現実から逃避することなく，「不安」に挑戦することである**⓫**。

恩送り：
受けた恩を直接返すのではなく，別の人に返すこと

事例の中では，「体を張って抵抗した」とありますが，自分の中に生じた疑問をごまかさないで，自分が納得のいくまで追求した奏ちゃんの行動は，科学するこころに通じるものがあることが感じられます。

　また，園長先生たちの優しさは，奏ちゃんにもお父さんにも，自分たちを見守ってくれている人たちの存在を認識させ，二人を勇気づけたに違いありません。そして，究極的には，世の中はみんなの協力で成り立っているのだという共同体感覚が奏ちゃんにもお父さんにも育つと思われます。そうした気持ちがいつか恩返しや恩送りになるとよいと思います。幼稚園や保育所にはこのような大きな力があるのです。

事例❷　「尚果ちゃんのヒゲ」　【感情の発達と自我)】

　「ひげ，生えるのかなあ……」
尚果ちゃんはそう呟いて下を向いた。

　尚果ちゃんは4歳。どちらかというと早熟でおませさん。いつでも友達の中心で仕切っている，頼もしい存在である。

　家ではお父さんに奥さんのような口をきく。保育所では友達に保育士のように注意をする──小さなレディである。

　特に自分の洋服やスタイル，容貌，持ち物にははっきりした好みを持ち，「かわいい」「きれい」「お姫様みたい」と言われると幸せそうである。

　4歳の女児の心には時として20代の女性や30代の妻・母が同居しているようである。

　そんな　尚果ちゃんが2～3日前からすっかりおとなしくなって，園庭に面したベランダのすみに座っている。その表情にはある種の憂いさえ浮かべて……。

　友達が寄って行って誘っても，首を振っている。

　主任保育士の鈴木さんは，そんな尚果ちゃんの様子が朝から気になっていた。「尚果ちゃんどうしたの？」と近づいて話しかけた。いつもなら喜んでしなだれかかる尚果ちゃんなのに，この日は体を硬くして寄ってこない。

　「どうしたの？」と訊いても，複雑でさみしそうな笑みを浮かべるだけ。何やら悩みは深そうである。

　4歳にもなると言えないこともある───。鈴木主任は，「元気出してね。いつもの尚果ちゃんになってね」と言って他の子どものところへ行った。

　翌日。鈴木主任が気になる尚果ちゃんを目で追うと，やはり彼女は今日もベランダのすみにいた。でもその日は仲良しの美幸ちゃんがとなりに座って

いた。鈴木主任はホッと胸をなでおろした。

　しかし，まもなく美幸ちゃんも他のお友達に呼ばれて行ってしまった。また，尚果ちゃんは一人で座っている。

　鈴木主任は心に掛かるものを感じてそばに寄った。

　「尚果ちゃん，遊ばないの？」

　「うん」

　「どこか痛いの？」

　「ううん」

　「変だなあ……先生にも話せないことなのね？」

　「うん」

　次の日もまた同じ。

　鈴木主任は「今日は少し心の奥に入って行こう。心を開いてもらおう」と思っていた。

　そんなにも小さな胸を痛めているものはいったい何だろう，受け止めてあげたい…。そう思い，そっと尚果ちゃんの横に座って黙っていた。黙って左手で肩をなで，右手で尚果ちゃんの小さな柔らかい手を握った。

　しばらくそうしているうちに，尚果ちゃんの泣き出しそうな気配を感じた。その姿は，「先生助けて……」と言っているようにも見えた。

　「尚果ちゃん，何か悩みがあるの？」

　「うん」

　「なあに？先生にも話せないこと？」

　「うん」

　「─────」

　「─────」

　主任はうつむいている尚果ちゃんの顔を覗き込んでほほ笑んだ。

　尚果ちゃんもニコッとした。そしてこう言った

　「先生，誰にも言わない？」

　「うん，絶対言わないよ。指きり」

　「指きりげんまん嘘ついたら針千本のーます。指切った！」

　堅い約束が成立した。

　「尚果ね，もうすぐひげが生えてくるんだよ」

　「え？　ひげが生えるの？」

　「うん」

「どうして？」

「だって尚果，お父さんに似てるってみんな言うんだよ」

「そうね　尚果ちゃんはお父さんに似てお目めが大きくてかわいいもの。先生もそんな目がほしいな……。そしてニコニコしてみんなに好かれるよ」

「でもお父さんに似てるなら，尚果もお父さんみたいにもうすぐひげが生えるんだよね……」

　鈴木主任は尚果ちゃんがどんなことで悩んでいたのかすっかり理解し，かわいそうで涙が出そうになって思わず抱きしめた。

　そして，大人は自分の言葉が子どもの心に与える影響を十分想定することができていないんだなあ…と改めて思った。

「そうだったんだね。それじゃ尚果ちゃんが悩むのも仕方ないね。いくら大好きなお父さんでも，口の周りにお父さんと同じおひげが生えたらいやだものね・・・」

「でもね」と鈴木主任は尚果ちゃんの手を握り締めて続けた。

「尚果ちゃんはお父さんに似ているけど，女の子だからおひげは生えないのよ。おひげは男の人にしか生えないの」

「ふーん……じゃあ，尚果にひげは生えないの？ここ（と胸を触って）にも毛が生えてこないの？」と真剣な顔で言った。

「うん，絶対大丈夫。先生が保障する！」

尚果ちゃんの顔は，みるみる明るくなった。

「みんなと遊ぶ？」と鈴木主任が言うと，「うん，遊ぶ！」と言うが早いか尚果ちゃんは友達の輪の中に走って行った。

　嬉しそうな背中を眺めながら，自分もつい「お父さんに似てるね」と言ってしまうことがあることを鈴木主任は思った。

　そして改めて，この３日間の尚果ちゃんの心配が痛々しく思えたのである。

こころ：
第１章／❷乳幼児の発達の理解／❹こころにはいろいろな側面がある（p.15）。

無意識（the un-conscious）：
気付かないこと。こころの病気と関係が深い。防衛機制も無意識の働きによるものである。

■　解　説

　こころは多面的であるといわれています。こころにはいろいろな側面があるのです。夏目漱石は小説「草枕」の冒頭で「知情意（ちじょうい）」ということばを用いていますが，これはこころの３つの側面を表すものです。また，「意識」もフロイトの見つけた「無意識」もこころのことです。心には「うら」という読み方がありますが，これは「目に見える行動」（表）に対する「目に見え

ないこころ」（裏）という意味です。

　こころのそうしたいろいろな側面の中で，感情は最もわかりにくい，そして，自分でも御しにくい複雑なものであるといえます。感情とは気持ちのことですが，こころ＝感情といってもよいくらいのものです。心理学の研究領域の中でも難しい領域で，したがってまだまだこの領域は研究の余地が大きいといえましょう。

　さて，感情の中でも不安・恐怖は，ともに私たちが日常生活の中でしばしば体験する強い情動です。不安と恐怖の違いですが，漠然とした対象や未来についての胸騒ぎや緊張があれば不安，特定の対象についての危険の認知，不快な動揺があれば，恐怖といえます。第2章では不安という情動に関して，分離不安，8か月不安があげられています。

　不安には健常者が妥当な理由により抱く「現実不安」と，神経症の患者が執拗に抱く「神経症的な不安」があります。また，いずれであっても自分の存在に関する不安は「実存的不安」と呼ばれています。事例の中の尚果ちゃんの「ひげが生えてくるのでは？」という不安は大人の想像を超えるものですが，大げさにいえば実存的な不安といえるかもしれません。

　強い不安を感じても，また気にかかることがあっても，事例にあるように4歳になると口に出して言えないことも出てきます。そうなのです。3歳を過ぎると，それ以前の子どもと異なり，自尊心や羞恥，他人に言ってはいけないのではないかという気持ちなどが出て来るのです。それは，自己意識の発達ゆえのことですが，負けて悔しい気持ちや，自分の苦手なことを人前でしたくないときなど，黙りこくって，何も言わなくなってしまったり，自分の気持ちと反対のことをしてしまったりするのです。事例1（奏ちゃんのお弁当）と同様に，食欲がなくなったり，体調をくずしたり，心配のため元気がなくなり，新しく行動をすることができなくなってしまうことがあるのです。幼児といっても，そうしたデリケートな側面をもっています。

　鈴木主任は，いつもと異なる尚果ちゃんの様子が気になり，そばに行って尚果ちゃんの気持ちを上手に聞き出しました。そして，心配の種が見つかり，誤った考えで悩んでいたことが判明すると，尚果ちゃんはすぐに元気になりました。「今泣いたカラスがもう笑った」で，みるみるうちに明るくなった尚果ちゃんは友達の輪の中に走って行ったのでした。

　幼児といえども，4歳にもなると思考力も発達するので，いろいろなことに思いをめぐらし，幼児なりに悩むのです。大人のことばが子どものこころに与える影響の大きさには驚かされます。このことは，保育者が十分に自覚しなければならないことです。そして，この事例は，幼児の感情と行動が直接的に関係していることがわかる事例でもあります。

感情：
第2章／**1**社会情動的コンピデンス／**2**基本的情動と社会的情動（p.46）参照

不安・恐怖：
第2章／**2**乳児期／●希望とは「求めたものは必ず得られる」という確固たる信念（p.50）
第2章／**2**乳児期／●不信とは身体的・心理的安らぎが得られない不安や恐怖の感覚（p.50）参照

8か月不安：
第2章／**5**情動調節能力／**3**情動表出の発達（p.69）参照

自尊心：
第2章／**2**幼児前期／●大切に育てたい自己尊重の気持ち（p.52）参照

反対のことをする：
防衛機制の反動形成のこと。

今泣いたカラスがもう笑った：
第2章／**5**情動調節能力／**3**情動表出の発達（p.69）参照

またこの事例では，そうしたことに加えて，子どものこころに引っかかることができた時，子どもがこころを開いてそれを話すことの重要性，話すことのできる相手の存在の必要性も感じ取ることができます。保育者が子どもにこころを開くカウンセラーになること，保育者にとって子どもがこころを開くカウンセリングマインドを持ち合わせることは必要不可欠のことです。

カウンセリングマインド：
第1章／❶保育実践の評価と心理学／❷保育実践の評価（p.9）参照

事例❸ 「4歳のこころ」 【自己主張（自己発揮）・自己抑制】

　たっちゃん，悟ちゃん，祐樹ちゃんの3人は共に4歳。異年齢保育10人ほどのゆったりした保育室で，土曜日も終日保育を受けている。

　3人はテーブルを囲み，座って遊んでいた。磁石棒を使って小さな玉を陣地まで持っていくゲームを始めたところであった。3人はもう保育園生活を3年も続けているので，保育園の流れもよく知り，自分の知りたいことも要領よく保育士に尋ねて，1日の心積もりをしているようであった。

　見学の高齢女性の吉田さんがテーブル近づき「こんにちは」と声をかけると，3人は快く迎えてくれた。

　「先生おうちどこ？」「平塚なの……」たっちゃんと悟ちゃんは「厚木，小田原，伊勢原，秦野……」と地域名をあげ，「今日のお昼はうどんだよ。もう少ししたら外に出るから一緒に行こう」と誘い，ゲームの遊び方を教えてくれた。ガラス面の下にあるボールに磁石を当てて上手に陣地まで運んで行くのである。

　たっちゃんは教え方が上手である。教えながら女性の膝に座って説明をする。悟ちゃんは，たっちゃんが女性に教えるのを聞きながら実演して見せてくれた。ほほえましいコンビに見えた。そしてひとわたり教えると「やってもいいよ」と磁石棒を手渡してくれた。まだ遊び始めたばかりで遊びたいはずなのに親切である。

　祐樹ちゃんは少し小柄でおとなしいように見える。でもその目はなかなか思慮深さを感じさせ，状況を見て行動する成熟度もうかがえる。

　大判のゲームに自分の入る余地がないと見るや，小判の同種のゲームを持ってきた。それは磁石の棒がすでに紛失しておりゲームとして遊べないも

のだった。しかし，ときどき大判のゲームの２本ある磁石棒を利用して女性に見せるようなしぐさで何気なく見本を見せた。

　祐樹ちゃんの内心では自分もゲームで遊びたいように見えた。しかし何も言わずにそれらの行為を繰り返しながら自分のチャンスを狙っていた。もうずいぶん我慢した。

　その時，保育士が外遊びの準備を始めた。３人ともその気配は敏感に察していた。

　「外で遊べるよ，一緒に行こう」とたっちゃんが女性に言った。女性は風邪気味だった。

　　「外は寒いから……」

　　「大丈夫。今日は暖かいよ」

　　「そうね……」

　そんな会話の間，祐樹ちゃんは「ゲームができるチャンス到来」と思ったようだ。すでに大判のゲームの磁石棒は机の上に転がっていた。祐樹ちゃんはそれを手にとった。

　すると，もう外遊びに行く気になっていたはずのたっちゃんがその棒を引っ張った。二人はそれまでの穏やかな表情から，敵対心をいっぱいにした厳しい表情に変化した。引っ張り合いは取っ組み合いになり，床に寝ころんで相手のあごを蹴り髪を引っ張り横っ腹を殴った。ほんの数秒であるが双方ともに激しい取っ組み合いだった。

　保育士がそばにきた。と，どちらからともなく「じゃんけんしよう」と言う。二人は素早く床に座り「じゃんけんポン，あいこでしょ」とじゃんけんをした。たっちゃんがグー，祐樹ちゃんがパーを出した。これで決まったと思ったとたんに，何とたっちゃんは「パーとグーだとグーが勝ちだよ」と言った。あっけにとられたような祐樹ちゃんは黙っている。どこで見ていたのか，５歳の大柄の女児が来て，そばで見ていた吉田さんに小声で「グーとパーだとパーが勝ったんだよ」と言った。しかし，争い中の二人には言わない。賢いなあ……と吉田さんは感心した。

　するとたっちゃんは「グーとパーだとグーが勝ちってお母さんが言ったよ」と言う。自分の強引さはわかっているのだ。お母さんとじゃんけんしてそんな冗談言われたのかなあ……　と吉田さんは思った。再び取っ組み合いが始まった。しかし，最初の時より少しトーンが落ちていた。たっちゃんは少し気が咎めていたようである。そして数秒後，どちらともなく取っ組み合いは終わった。二人とも磁石棒への興味を失ったようである。

　しっかり我慢してチャンスを伺って遊具を得ようとした祐樹ちゃん。明るく活発でいつも場をリードするが，相手の心の動きに気付くのが遅くなりが

> ちのたっちゃん。4歳児の発達の中で状況判断の適切性と自分の感情抑制には差がある。個性としての差ということと発達の進行状態の差である。
>
> 取っ組み合いのあと，この二人の間にはほとんど会話がなかったが，会話がなくてもわかっているようにも見えた。
>
> しかし，もし祐樹ちゃんが「今度僕に貸して」と言ったら，貸してあげる親切心をたっちゃんは持っていたようにも見える。
>
> こうした争いは，人間関係の学びの機会としてとても大切である。
>
> すぐに飛んで行って両者を説得して「やめさせて仲良し握手」をさせていた従来の保育は変化し，保育士の「見守り保育」も功を奏してきた。そんな時代が来たように思う。

■ 解　説

2005年にわが国は人口減少社会になりました。子どもの数も少なくなり，子どもたちが家庭で兄弟げんかをして自己主張をしたり自己抑制をしたりという経験がますます少なくなっています。ほめられてばかりで叱られた経験ない「丁寧な」子育てをされている幼児の，乳児期以来の全能感（万能感）は肥大したままです。幼稚園や保育所での集団生活が始まれば，そういう子どもも友達とのけんかやトラブルを経験することになります。幼児のレベルでも，けんかをすれば，少しのけがや傷はつきもので，避けられないことです。そうしたことを経験することができるので，幼児の集団教育は意義があるのです。

ところがちょっとした傷でもさせて「説明」なしに帰宅させようものなら大変で，早速，園にけがをした経緯を問い合わせ，傷をつけた子どもの親に謝ってもらわないと気のすまない親がふえているそうです。そういうことがあるためか，唯一子どもの社会性を育てる場であるともいえる幼稚園や保育所でも，最近まで，子どものけんかを見たらすぐに止めに入ったり，できるだけ子ども間のトラブルを避けるように配慮した保育をしていたということです。例えば，砂場で遊ばせる時にはシャベルの数を子どもの数だけそろえるなどして。これでは，集団の中で何を育てるというのかわかりません。が，事例にあるように最近ではようやく，けんかは学習のチャンスと，「見守る」保育が主流になってきたようです。

友達と遊ぶ中で，幼児の場合は，仲のよい友達とのけんかはつきものです。けんかをしない友達には関心がないことで，そういう子どもとは友達になりません。子どもにとって「仲良し」とは，けんか仲間でもあるということです。

感情表出についても幼児の場合は，「起伏は激しいが持続時間は短い」と

人口減少社会：
日本の人口は今後急速に減少していく。2015年時点で1億2700万人の総人口は，100年も経たないうちに5000万人ほどに半減するという推計もある。

全能感：
幼児後期になると，自分にはできないことがあることに気付き，できることをしていこうという姿勢が見られるようになる。

感情表出：
第2章／5 情動調節能力／3 情動表出の発達（p.69）参照

いう特徴があります。けんかをして傷つけあっても幼児の力でつけられる傷は，からだについてもこころについても大きいものではありません。けんかの相手に対する憎しみは，子どものこころにしこることはありません。すぐに，二人の関係は修復されます。そして，幼児期からそうしたことを積み重ねて友達とのつきあい方を学ぶのです。

　そうしたことを体験できないまま成長した子どもたちは，自分が傷ついたり他者を傷つけたりすることに臆病になっています。あるいは，相手のことはともかく，自分が傷つくことを極端に恐れています。そうして，深く，広く人と関わる力が育てられないまま大人になっている人がふえているようです。

　人間は一人では生きることはできません。人とけんかをしたり，それを修復し合ったりして，人とのつながりをつくっていくのです。その中で，かけがえのない自分と，かけがえのない他者の存在に気付いたり，自分とは異なるいろいろな人が存在すること，助け合ったり支え合ったりすることを学び，それが生きることだということを学ぶのです。

　よいところしか見せられない関係，上っ面だけの関係では，何も分かり合えません。そして，そこからは何も生まれません。幼児期からの遊びやけんかの体験は大切です。

　遊びやけんかをしながら，自分のおかれている環境に適応するためには，周りの人たちと折り合いをつけることが必要不可欠です。折り合いのつけ方とは，自分を変えるか周りを変えるかのどちらかで，自分を変えることを**社会化**（調節），周りを変えることを**個性化**（同化）といいます。

　自己制御（セルフ・コントロール）の機能には**2つの側面**があります。いやなことや他と違う意見をはっきり言える自己主張的な個性化の側面と，自分の意志や願望を抑える自己抑制的な社会化の側面です。このうち自己主張が急激に高まるのは3歳から4歳後半にかけて，一方，自己抑制の発達は3歳から小学校入学までなだらかに伸びていくといわれています。

　事例の中では4歳児の2人が大判のゲームを取り合って引っ張り合ったり取っ組み合いをしたり，じゃんけんをしたりという様子が描かれています。が，自己主張の高まる4歳児では自己抑制はまだ難しいようです。自己抑制ができる頃までに自己主張をたくさんさせておくことが大切です。

　さて，幼児が自らの感覚と筋肉を用いて積極的に行動することができるようになると，幼児は自己制御と他者からの統制という二重の要請に直面します。そして，幼児は，**意志**をもつということは強引に自分の思いを通すことだけを意味するのではないこと，意志をもつとは自己の衝動を生かす判断力と決断力が増大していくことで，これは何を意志することが可能であるかを

社会化と個性化：
第2章／❸環境との相互作用／❶社会化と個性化（p.29）参照

2つの側面：
第3章／❺情動調整能力／❺自己主張・自己抑制（p.70）参照

意志：
希望➡意志➡目的の順に漸成される。順序が変わることはない。

見分ける力であること，意志する価値がないことは諦めなければならないし，避けることができないことならば，これを正面から受け止めなければならないこと，そうしたことを学んでいくのです。そうしたことが，幼児後期の人格的活力である「目的」につながっていきます。

意志力は成熟して後，衝動の統制がどれほどうまくできるかという自我の特性となります。意志力は他者の意志と拮抗したり，協同で働いたりします。また，意志力には公正さが求められますが，公正・公平は，わが国民に欠落しがちな特性であると指摘されることもあります。したがって，こうしたことは幼児期より心して育てていくことが必要であるといえましょう。

正面から受け止める：
対決（confrontation）のこと。「現実吟味」ともよばれ，現実を吟味することにより，現実を客観的に把握することである。パーソナリティの正常性と関係が深い**⓫**。

衝動の統制：
欲求不満の場面におかれたとき，退行や攻撃といった「短絡反応」(short reaction) をしないで耐えようとする欲求不満性のことである**⓫**。

事例4　「スイカの種」　【自分の保育実践で，保育者の子どもを見る目】

祥恵さんは今25歳，保育士になって5年目です。乳児も体験し昨年から4歳児の担当になりました。4歳児の21名は女児のほうが少し多く，朝からおしゃべりも絶えずに仲良しに見えます。祥恵さんも保育者としての経験も程よくでき，ゆとりも生まれ，毎日が楽しく「保育士になってよかったなあ……」と思っています。

でも，祥恵さんには遠い昔の思い出の中から一つだけ「保育士なったら気をつけよう……」と思っていることがあるのです。

それは自分が4歳のころ。ある夏の暑い日。大好きなスイカがおやつに出た時の事です。
みどり先生が

「今日は，皆の好きな，スイカのおやつよ。みんな。よーく見て。スイカには赤いところに黒いぼつぼつついているでしょう。これなんだかわかる？　……。
そうね。種です。これは種なので食べられません。小さいからうっかり飲まないで，ちゃんと出してね。
じゃあ。みなさん召しあがれ……。」

当時4歳のさっちゃんも真っ先に食べ始めました。でも……少しすると，さっちゃんの表情は少し暗くなりました。なぜって「種を飲んだかもしれない……」「あ！　飲んじゃった……」　そう，さっちゃんは種を4つほど飲んでしまったのです。

「どうしよう……」「どうなるのかなあ……」心配は胸いっぱいに広がりました。お隣のきみちゃんが「さっちゃんどうしたの？」と聞きましたがさっちゃんは「なんでもないの」と答えていました。

おやつが終わってお帰りの歌の時間です。
　「きょうも楽しく過ぎました。おかえりお支度できました……。」
いつもは大きな声で歌って，もうすぐお母さんに会えると嬉しくなるのに，この日は泣きそうな気持でいっぱいでした。

　お歌も終わり，皆での「さよなら」も終わりました。
　さっちゃんはやっと勇気を出してみどり先生のところに行きました。先生の後ろにそっと立っているとみどり先生はふりかえり，
　「あら。さっちゃん，どうしたの？」と言ってくれました。
さっちゃんは一つ深呼吸をして，
　「先生……。スイカの種，飲んじゃったの……。」
と勇気を持って言い，先生の顔を，じっと見ました。
　先生は，なあんだという表情で，
　「あら，大変，じゃあ，さっちゃんのおなかにスイカが生えるかもしれ
　　ないね。」
　「………？？？」
　さっちゃんはびっくりしました。心臓が，ドキドキしました。
　みどり先生はそのまま行ってしまいました。
　さっちゃんはお母さんが迎えに来るまでぼんやりしていました。やがてお母さんがお仕事から帰ってきました。お母さんは「さっちゃんどうかしたの？」と聞きましたが，さっちゃんはお母さんが心配すると思うととても言えません。
　夜，お布団に入ってそっとおなかを触りました。ペッチャンコでした。寝ているあいだに生えてくるのかなあ……。こわかったけどさっちゃんは疲れていたので眠ってしまいしました。
　朝。やっぱりお腹はそのままです。
　次の朝も同じです。
　さっちゃんは，みどり先生も何も言わないことを思い出しました。
　「先生，嘘言ったのかなあ……。でも……。」
　さっちゃんはお母さんに聞きました
　「お母さん，おやつのスイカの種，食べちゃったの。どうなるの？」
お母さんは，言いました。
　「一寸消化に悪いけど，うんちと一緒に出るから大丈夫よ！」
　祥恵さんはみどり先生を今でも大好きですが，あの時の事は忘れられません。
　自分はそんなことを言って子どもを何日も不安にさせるようなことは決してしないようにしようと心に決めてます。

■ 解　説

　園庭で遊んでいる子どもを見ると，その子どもの担任の先生が誰なのかがわかるとおっしゃる園長先生は多くおられます。幼稚園や保育所で幼児は条件づけ，連合学習，模倣学習，観察学習など，さまざまな学習をしていますが，とりわけ大好きな先生の観察や模倣学習（モデリング）をよくします。子どもの姿を見ただけで，その子どもの担任の先生が誰かが分かるのはそのためです。

　保育者を見ていると一人ひとり，みな違っています。それは，その保育者の生まれつきのものもありますが，成育史と関係が深いのです。家庭で親からどのように育てられたか，また，どのような体験をして育ったかということです❸。幼いときに限りませんが，体験が一人ひとりをつくるということは，事例の本文からもわかります。

　誰しも，自分のしていることや思っていることが一番よいとは思わないでも，そのことで，他者に迷惑をかけたり不安な思い，不快な思いをさせたりしているとは思ってもいません。祥恵さんの先生であったみどり先生もそうだったに違いありません。

　また，私たちはよほどのことでない限り，自分の行動が自分の親の行動パターンに影響されていることに気付きはしないでしょう。無意識のうちに親の姿が子どもの行動に表れることは，親に対する子どもの同一視によるところが多いからですが，このことは当然のことながら，保育者と担任をしているクラスの子どもの関係においてもいえることです。

　保育者はいつも，自分の一挙手一投足（いっきょしゅいっとうそく）は子どもたちから見られていること，子どもたちの憧れの対象であること，モデル（見本・手本）となっている存在だということを意識しなくてはなりません。子どものお手本として恥ずかしくないような言動を心がけ，子どもとともに毎日豊かに成長することが望まれます。

　保育者の言葉や動作の一つ一つが，一人ひとりの子どもに大変大きな影響を与えるということは忘れてはならないことです。それは，保育士になった祥恵さんが20年以上も前のことを鮮明に記憶しているというこの事例からも，よくわかります。不用意な発言を慎まなければならないことは言うまでもありません。が，それだけではなく，自分のことをよく見つめ，自分を磨き上げて，一人ひとりの子どもの保育にあたらなければならないということを自覚することだと思います。

　学生時代には，2年間（4年間）という短い期間に学校で教わることは一つ残らず頭に入れようという気概をもち，下手なピアノで子どもに歌を歌わ

模倣学習：
真似て身につけること。先生はモデル（手本）となる。

成育史：
第1章／❷発達観（p.39）参照

同一視：
防衛機制の一種。他者のもつ特性や力を自分ももちたい時，自分をその他者と同一にみることによってそれらを取り入れること。

一挙手一投足：
一つ一つの動作。

第3章　子どもの学びと保育　129

せるなんて子どもたちに失礼であるという気持ちで，毎日一生懸命学習することが大切だと思います。

事例❺　「みなみちゃんのお迎え」　【母親という環境】

　みなみちゃんは5歳。お父さんが急に病気で亡くなってしまいました。お母さんは毎日哀しそうな顔をして，時々はみなみちゃんの顔をしっかり見て「お父さんが，いたらね……」と強く抱きしめました。でも，お母さんはみなみちゃんを育てるために働きに出ることになりました。幸い経理の資格があったので会社の経理員として採用されてみなみちゃんを育てることができる給与はいただいたのですが……　会社は忙しく，夜7時半に退社して8時に保育所にみなみちゃんを迎えに来るのがやっとでした。保育所でも全力でお母さんの生活を応援し，8時までの延長保育を受け入れ，日々のみなみちゃんの発達の様子にも気をつけました。

　ある日の事。いつものように5時半を過ぎて延長保育（お星さまの時間）の部屋に移動しました。そして6時半以降のお迎えの子どもたちには夕食が出ます。6時が夕食の時間です。みなみちゃんはお夕食のお部屋に行きました。まだ，20人以上のお友達がいて少し楽しく夕食を食べられるのです。

　夕食を終えると，また皆のいる部屋に戻って遊びます。もう，いろいろな年齢の子どもが一緒です。1歳児の女の子はじっと立って指を口に入れて大きな子の動きを見ています。夕方はテレビを見てもいいので，アニメを見ている子どももいます。

　みなみちゃんは一番大きな子なのです。

　急におもちゃ箱から大きな布を出してきて，ちらっと保育士を見て腰にスカートのように巻き始めました。保育士と目が合うとニコッと笑って，次にバンダナのような布を紙に巻きました。すっかり準備ができたみなみちゃんは，テレビの音楽に合わせて踊り始めたのです。

　腰をくねくねとくねらせて顔を少し斜めに挙げて黒目を端に寄せて……大人っぽい微笑を浮かべて……

　踊りはまるでフラメンコのよう……　これから訪れる長い時間をなんとかして耐えてお母さんを迎えようとしているように……

　その時，美鈴ちゃんのお母さんがお迎えに来ました。美鈴ちゃんは3歳半。お母さんは美鈴ちゃんが抱っこしていたクマの縫いぐるみを見て「くまちゃんありがとう。て，返そうね。」と言って，美鈴ちゃんを抱っこして帰って行きました。みなみちゃんは見ないふりして見ていました。また一人，また一人，お迎えのお母さん，お父さん，おばあちゃんがきて，忙しそうに保育

士さんにお礼を言って帰って行きました。

　みなみちゃんはもう踊りをやめて，弾力的な竹の細い棒を持っていろいろなものをたたいて歩き始めました。「こんなのいらない！」「これもいらない！」　そうして机もテレビもおもちゃも叩いていました。先生をちらっと見ましたが，先生も黙っていました。

　8時に近くなり，とうとうみなみちゃんは一人になりました。当番の保育士はみなみちゃんのそばによって，一緒に遊ぼうとしました。この保育所では最後の一人が帰るまで決して帰り支度の片づけをしません。居残り児のような印象を与えないようにするためです。

　最後までその子のための楽しい保育室にしておきたい，それが皆の想いでした。

　みなみちゃんは棒でたたき歩いて，ときどき，ちらっと入口に目をやりました。もうお母さんがくるのです。やっぱり待ちくたびれて我慢の限界で，表情には笑顔はありません。

　保育士が「もうすぐお母さんが帰ってくるね」というとみなみちゃんは今気がついたような表情で入口を見ました。少し柔らかな表情でした。お母さんを迎える顔のように見えました。待ちわびたお母さんの姿が廊下に見えて，

　「みなみ。ただいま！」とお母さんの声。少し疲れているようなお母さんでしたが笑顔と優しい声でみなみちゃんのそばによると肩を抱き寄せました。

　すると……　みなみちゃんの表情は5歳の女の子の嬉しい表情になりました。

　そして，いくつかのおもちゃを片付け始めました。「えらいね，みなみ」とお母さんに言われると，本当にうれしそうに「うん」とうなずきました。

　「先生。さようなら。」みなみちゃんは保育士の前に来てきちんと挨拶して，かばんを持ってお母さんと手をつないで保育室から出て行きました。

　母と子の5分間の再会の時間がすっかりみなみちゃんを5歳のかわいい女の子，仲良し親子にしていました。

　夜8時，我慢していたいじらしい心を残してみなみちゃんはお母さんと夜の闇に消えて行きました。

　保育士は，いろいろな子どもの心を受け止めた保育室のカーテンをしっかり閉め，片付けて鍵をかけたのです。

■ 解　説

　人間の生き方について，ワーク＆ライフバランスが叫ばれて久しい今日この頃ですが，子どもにとって，母親の生き方，母親のあり方は古くて新しい問題です。

　事例のように，幼稚園児を残して夫に先立たれてしまった場合には，母親は生きていくために働くことを余儀なくされます。そして，一旦社会に出ると，幼児がいるからといって，自分の都合で毎日早く退勤できるほど，世の中は子育てを理解してはくれてはいません。

　そういうわけで，お父さんが亡くなってしまった5歳児のみなみちゃんは，忙しいお仕事を得たお母さんと一緒に生きていくため，保育所に入園しました。そして，延長保育では，時として最後の一人になるときもある，そういう日々を過ごすことになりました。

　早朝に登園する園児にとって延長保育で，お母さんを待っている時ほど心細いときはありません。お母さんを待ちくたびれて我慢(がまん)も限界を超え表情から笑顔が消えてしまってからお母さんが迎えに来る時もあります。しかし，事例にあるように，お母さんの顔が見えるとみなみちゃんの表情は一変します。嬉しい5歳児の表情になるのです。母親という存在はそういう存在なのです。つらいことも，堪えがたいことも，母親はすべて溶かしてしまうのです。

　みなみちゃんのお母さんはまだお若いのに，夫の死という困難に遭遇(そうぐう)しても，周りを恨んだり，自分の不幸を嘆いたりせずに，自分の人生を受容し，前を向いて，困難を乗り超えようと懸命に生きています。大変けなげで立派な女性です。そして，母親のそうした生き方や態度はみなみちゃんにもしっかりと伝わっているのだと思われます。

　人間は生き物ですから，明日のことは誰にもわかりません。しかし，どんなことがあっても，それを現実のこととして受け止め，そこから逃げずに，一日一日を一生懸命に生きていれば，それは幼児とて，正しく感じ取り，真剣に受け止めると思います。その存在は，周りの人たちのこころをなごませます。そうして生活しているうちにお互いが成長することができるのです。そうした真っ当な生き方，関わり方を子どもに見せることが，お母さんのみなみちゃんへの一番の贈り物になっているように思われます。誰にとっても，その時々を力一杯生きることが大切なのは普遍的(ふへんてき)なことです。そして，それができることが人間にとっては一番の幸せだと思います。

　母親は子どもにとっては最大の環境です。一方，みなみちゃんの保育所では，延長保育の時に，保育士さんは最後まで残った子どもがお母さんに連れ

母親：
第1章／**5**環境としての母親・保育者／**1**母親・保育者は最大の環境である（p.35）参照

自分の人生を受容：
自己洞察（sef-insight）とは自分自身について，長所も短所もふくめ，客観的に的確に知ることである。自分と自分の人生をありのままに捉えることはこころの正常性の根拠と考えられている❶。

られて園の門を出るまでは後片付けをしないということです。この一つのことからも，この保育所は子どもを不安にしない，子どもたちを安心で包んでいる保育所であることがわかります❷。このような保育所に子どもを預けているからこそ，お母さんも安心して力一杯働くことができるのでしょう。

安心で包んでいる保育所：
第1章／**❶**保育実践の評価と心理学／**❷**保育実践の評価（p.8）参照

事例❻　「自分がいる，自分でない人がいる」　【発達援助】

　1歳2か月の知子ちゃんは真っ白なケープをはおり，棒につかまってたっちをしていた。その前には大きな鏡が貼り付けられており，知子ちゃんは大きな鏡をじっと見つめていた。そしてその鏡の中には大好きな弥生保育士もいた。知子ちゃんが笑うと鏡の中の知子ちゃんも笑った。知子ちゃんが手を挙げると鏡の中の知子ちゃんも手を挙げた。いつの間にかとなりに卓ちゃんが立っていた。卓ちゃんが頭に手をやると鏡の中の卓ちゃんも頭に手をやった。

　知子ちゃんと卓ちゃんはしばらく遊んだ。となりに弥生保育士が来て「知子ちゃんがいた」と鏡に向かって言った。

　自分の姿を通して何となく1歳児が自分を知っていくときである。自分と自分でないお友達……　自分が手を挙げても挙げないとなりに写っているお友達……　何となく，わかってきた。「知子ちゃん」と呼ばれると振り向いた。「卓ちゃん」と呼ばれても振り向かない。

　3歳児の翔ちゃんは大好きなミニカーを5台集めて遊んでいた。「これが先で，これが後」「しゅっぱーつ」と言って走らせた。そこへ清人ちゃんが来て，同じミニカーで遊ぼうとした「僕のー」と言って翔ちゃんは清人ちゃんの手からミニカーを取り返そうとした。しかし，遊びたい清人ちゃんはさっと持って逃げて行ってしまった。

　「僕のーーー　」と翔ちゃん。

　「僕が遊ぶーーーーー」と清人ちゃん。

二人はミニカーをめぐって取り合いをしていた。

　保育士がそばに来て少し見ていたが，「お友達，ほしいから貸してあげようね」といった。「いやだーーー」と翔ちゃん。

　「翔ちゃん，いくつミニカーあるの？」と保育士が言った。翔ちゃんは自分がいたところに戻って全部のミニカーを持ってきた

　「5つもあるんだ，たくさんだね。じゃあ，貸してあげられる？」

翔ちゃんは一つを持って，清人ちゃんに差し出した。

　清人ちゃんもたどたどしく「ありがとう」と言って遊び始めた。

保育士は見守ったほうががいいかどうか迷っていたが，３歳児では他のお友達も自分と同じようにミニカーがほしいんだ，そういうときは貸してあげると喜ぶんだということを教えてあげたくて，口添えをしたのである。

　　５歳児の蓮ちゃんはブロックをかごに入れて持ってきて，昨日途中までしかできなかったかっこいい家を作ろうとしていた。夢中だった。昨日は作業の途中で時間切れになってしまったので今日こそはお昼の時間までに作りたかった。もうすぐ屋根を作ろうとしている時，大地ちゃんが「僕にも貸してーー」と言ってきた。
　　蓮ちゃんは「僕，これ全部いるんだ」と言う。
　　大地ちゃんは，「だって僕も使いたいんだ」といってかごからいくつか取り出し始めた。
　　「だめ！」と蓮ちゃんは大声で言い，小さな棒で大地ちゃんの手を叩いた。
　　「痛い！」と言うと今度は大地ちゃんがおもちゃの熊手のようなもので蓮ちゃんの手を引っ掻いた。
　　「何するんだよ！」と蓮ちゃん。
　　「お前が先にぶったんだろ！」と大地ちゃん。「自分だけ，ずるいよ！」
　　「だってこれ全部ないと作れないんだ」
　　「でも僕も使いたいんだ」
　　「ダメ，後で貸してあげる」
　　「だってもうすぐ給食だからできなくなっちゃうもん」

そんなやり取りの後，再び取っ組み合いになってしまった。
　　保育士は，取っ組み合いになったころから危険な状態にならないか見守っていた。
　　でも二人は心得ていた。
　　蓮ちゃんは大地ちゃんが使いたい気持ちを分かっていたし，大地ちゃんも蓮ちゃんが全部使って大きなおうちを作りたいのだということが分かっていた。
　　蓮ちゃんはときどき「貸してあげようか…」と思った。
　　大地ちゃんはときどき「別の物で遊ぼうか…」と思った。
でもやはり二人はともに引き下がらずに，とうとうお昼までの数分をブロックの取り合いに費やしてしまった。
　　お昼を告げる時計が鳴った。二人とも，もう遊べないことを知っていた。蓮ちゃんはブロックを片付け始めた。大地ちゃんは手に持っているものを箱に入れて給食当番の仕事を始めた。

二人は黙っていろんな事考えた。そして少しつまらなかった。

1歳では
　自分がいること，自分でない人がいることを，鏡で知っていった。
　保育室ではそのための大切な保育環境として鏡を用意した。
3歳児では
　他のお友達も同じものがほしい時がある，ということを気付かせるタイミングをみて言葉を添えた。
5歳児では
　何もかもわかっているが感情のコントロールはできにくい。だから危険がない限りそのやり取りを保育士は見守った。
　さまざまな感情を感じ，言葉も出て取っ組み合いもしながら，その後での自分の感情が「なんだかつまらない」ことを感じる。こんな体験があっても5歳児では欲求の強い状態では譲れない。争いになる。でもほんの少しずつ，どうすればよいのか，どうすれば貸してあげる気持ちになるのかを学ぶ。貸してもらいたい方もどういう態度でどう言えば貸してもらえるのかを考え，知恵となる。

　子どもが他者の存在と他者の気持ちを理解していくために，子どもそれぞれの年齢に応じた援助は大切である。

養護（care）
教育（education）

発達の援助：
他の事例でも出てきましたが，不適切なことばかけは子どもに届かないだけでなく，子どものこころの安定を乱す原因となるものである。そうしたことばがけは発達援助とはならない。

コミュニケーション能力：
コミュニケーションの語源的な意味には，"to make common＝分かち合うこと""人と人の関わりの喜びや楽しさを知らせること"が含まれる。

■　解　説

　保育とは養護と教育です。どのような養護もまた教育もそれ自体が子どもの発達の援助になっていなければなりません。
　日常の保育で発達援助は幅広く行われますが，ここでは，「他者の存在と気持ちの理解」を取り上げています。子どもたちの対人関係を深めたり広げたりする力が弱くなっている今日，他者の存在と気持ちの理解の発達への援助は，保育者にとっては最も重要な問題の一つだといえます。他者の存在と気持ちの理解は，対人的コミュニケーション能力と密接に関わることです。
　コミュニケーション能力については「伝達する力」「発信する力」のみに関心を向けられがちですが，コミュニケーション能力は，①「発言すること」「発信すること」，②「人の話を聞くこと」「受信すること」，③「共感するこ

と」「共有すること」の３つの力から形成されているのです❸。

　新生児は何もできないように見えますが，胎内で聴覚体験を通した学習を積み，対人的コミュニケーションに敏感な能力を備えて生まれてきます。乳児はコミュニケーション能力が発達する段階を丁寧に踏んでいます。問題は幼児期以降です。子どもを取り巻く大人は，子どもがことばを話せるようになるにつれて，乳児との交流で大切にしていた「共感・共有」を忘れがちになるようですが，子どもに傾聴し，共感することが大切です。

　この事例の中で，保育士の弥生先生は，他者の存在と他者の気持ちを理解させるために，一人一人の子どもをよく見，耳を傾けて年齢に応じた援助をされています。コミュニケーション能力の育成のためにも大切なことです。

　「ひとの振り見てわが振り直せ」という諺があります。ここで，他者と自己の問題について，他者認識と自己意識の発達についてみてみますと，他者認識の方が自己認識よりも先に発達します。子どもは，自分のことよりも他者のことが気になるのです。それは，自分は自分から見えにくい存在ですが，他者ははっきりと見えるからです。

　事例にあるような，鏡の中に自分の姿を認め，自分の存在を確認することができるのは１歳過ぎになってからです。この，保育室の鏡は，乳幼児が自分を確認するという点で大変意味のあることだと考えられます。他者評価と自己評価についても，上記と同様，他者評価の方が先に発達します。

　児童期になると親や教師が不公平であるとか，えこひいきをするという批判（他者評価）ができるようになりますが，自己評価ができるようになるのは，他者評価とピアジェのいう脱中心化の後だと考えられます。

　他者の存在と他者の気持ちの理解といっても，年齢によって発達の課題が異なるのは事例にあるとおりです。３歳では，自分がほしいものがお友達もほしい時があることを理解させるために保育者はことばがけをしています。そのことばがけで，翔ちゃんはミニカーを清人ちゃんに貸しました。清人ちゃんがありがとうといって遊ぶ姿を見て，それまで気のつかなかった大切なことを学習したと思われます。

　５歳では，頭ではわかっていても，自分の気持ちを整えて行動に移すことはできません。それで，自分のしたいことを主張し合ってけんかをしてもつまらない，後味が悪いという体験をさせています。まさに，からだで考えさせておられるのです。次回，同じような場面に遭遇したとき，蓮くんと大地くんがどのような行動をするかが楽しみです。

　保育の基本は，保育者が常に子どもの内面を見つめる目をもち，子どもとの関わりを深めることにあります。そしてそれが保育の実践力を高める基盤になっています。子ども一人一人が今，何を必要としているかを感知して，

傾聴：
メイ, R. は「人間が人間に贈りうる最高の贈り物は＜理解＞である」述べている。保育者が子どもにに耳を傾け，子どものこころの働きをありのままに理解しようと努めることにより，子どもは自分のことを話したくなる。これを「自己開示」という。

保育室の鏡：
乳幼児は鏡のなかの自分の姿を見ることが大好きである。泣きながら登園しても抱っこして鏡を見せるとほとんどの子どもは泣き止む。

自己評価：
何を自己評価とするかにもよるが，自己評価は大人になっても困難な場合がある。他者には厳しくても自分には甘い人がいるのはそのためである。

脱中心化（decentering）：
前操作期における自己中心性あるいは中心化といった認知の限界を脱することをいう。多様な視点の存在に気付き，自己の視点からだけでなく，他者の視点からも対象を認識することができるようになることである❹。

保育の基本：
第１章／❶保育実践の評価と心理学／❶保育とは（p.7）参照

発達の最近接領域の教育：
第1章／❸環境との相互
作用／❸発達との最近接
領域の教育（p.31）参照

チャンスを捉え，その子どもの発達段階に合ったことばがけ，働きかけをすることができる保育者を目指したいものです。それは，ヴィゴツキーのいう**発達の最近接領域の教育**です。

事例❼　「さっちゃんのひとり言」　【考えるための言葉】

　朝，お食事を終えて登園の準備を始めると，4歳のさっちゃんは急いで段ボールのおもちゃ箱に行く。そして，おもちゃ箱の中にごちゃごちゃと入っている自分のおもちゃを眺めては，手にとったりして考えている。

　「どれにしようかなあ…」小さな声でつぶやいている。「このクマのぬいぐるみがいいかなあ…真理ちゃんが"かわいいね"って言うかな？」

　そういいながらもくまをおもちゃ箱に戻して，今度は羽子板と羽根を取り出した。

　「これがいいかな…これだと博樹くんがやろうやろうって言うかな……」「でもみんなに取られちゃうかも」「羽根がなくなるかもしれないし」「どこかへ行っちゃうとお母さんが困るかなあ……」次から次へと独り言を言いながらおもちゃを選んでいる。毎朝，同じようなおもちゃを手に取ったり，戻したり。

　その時間はさっちゃんが唯一自分でその日1日のある時間をスケジュールするひと時である。子どもたちは多くの時間を，保育所のデイリープログラムの通りに動くからだ。

　さっちゃんの保育所では，自宅から一つだけおもちゃを持ってきて良いことになっている。

　園はこう考えた。

① 保育所に通う子どもたちは，朝から夕方まで保育所にいて自分のおもちゃで遊ぶ時間がない。まして友達とは，保育所を休んでいる日曜日以外自分たちのおもちゃで遊べる機会はない。

② 登園して園のおもちゃだけで遊ぶのではなく「自分の物・自分と家をつなぐもの」で遊ぶことは，子どもにとって嬉しい体験になる。

③ 登園前におもちゃを選ぶときに，「このおもちゃで誰と遊ぼうか」と考え，遊びの展開を思い浮かべる。真剣に想定することもまた，大きな学びとなる。

④ 自分のおもちゃを友達から「貸して」と言われたときにどう対応すべきか，子ども自身が考えるようになる。

　「まだ自分も遊びたい」「貸して壊れたらどうしよう」「この間みたいに別の友達にまた貸しされたらどうしよう」などなど，いろいろな不安

が浮かぶけれど，「でも貸してあげないといじわるみたいだ」「自分が貸してほしいときに貸してもらえなくなるかもしれない」，そう思って「はい」と貸してあげる。
自分のおもちゃだからこそ，真剣さが違う。
おもちゃ選びに迷っているうちに，保育所に行く時間が来てしまった。
「さっちゃん，もう決まった？」とお母さんの声。
「まだ…」
「そう。早くね」
さっちゃんは仲良しの真理ちゃんと遊ぶことにして，クマのぬいぐるみを出して抱っこした。
「くまさん持っていくの？」とお母さん。
「うん，真理ちゃんと遊ぶの」
「そう。真理ちゃんと仲良しね」
母と子の大切な会話である。
この場面だけでも母親には子どもの保育所での様子がわかるのである。

解　説

● ことばの発達の視点から

　毎朝，登園前に保育所に持っていくおもちゃを選ぶさっちゃん。自宅の自分のおもちゃを毎日自分で一つだけ持って登園してよいという，さっちゃんの通う保育所の約束事には，子どもの発達を願う4つの思いや考えがこめられています。保育所の日々の活動の中に自然なかたちで埋め込まれた，子どもの発達を支援するための配慮が感じられます。たった一つの約束事に，こんなにも豊かな意味があるということ，あらためて保育という営みの深さに気づかされます。
　4歳のさっちゃんは，次々と独り言を言いながら，おもちゃ箱の中から今日持っていくおもちゃを選んでいます。「どれにしようかなあ……」というさっちゃんのつぶやきは，だれか他人（相手）に向けられた発話ではありません。おもちゃを一つだけ選ぶという課題を解決するために，さっちゃんが一人で考えている場面での**独語**（独り言）です。こうした独語は，幼児が問

独語：
第2章／4言葉の発達／3伝えるためのことば・考えるためのことば（イラスト）（p.94）参照

題を解決しようとしたり，何かすること（行為）を計画したりするときに増えることが観察研究によって知られています。

この年齢の頃には，頭に浮かんだこと考えていることを口に出しながら遊んでいる姿がよくみられます。そうした独語をピアジェは，「自己中心語」とよんでいます。また，ヴィゴツキーによれば，「内言」に発展していく過渡期に多くみられるのが独語です。こうした独語は，考えるためのことばを用いて頭の中だけで思考できるようになると消えていきます。

「さっちゃん，もう決まった？」というお母さんの問いかけから始まる，さっちゃんとお母さんの会話にみられるように，大人→子ども→大人……と，交互に会話ができるようになっていくのは，３歳頃からといわれています。会話のルール（公準）である，順番を交替して発話する，前の話し手の内容につながりがあるように次の話し手が話すことなどが，この事例にみられます。４歳のさっちゃんは，会話のルール（公準）を獲得しつつあることがうかがわれます。

ふだんの生活を共にしている親や保育所の先生方は，子どもの発する短いことばからも多くの意味や状況を汲み取って子どもに応えます。まだ充分とはいえない子どもの発話に温かくていねいな応答がなされます。そうした大人の受容的なかかわりが，子どもにとって，ことばを用いたコミュニケーションを少しずつ発達させていく支えとなります。話し言葉は，特別の系統だった学習や教え込みによるのではなく，こうした子どもとまわりの人たちとの日常的なやりとりのなかで発達していきます。教え込みや無理強いは，むしろ逆効果であるばかりでなく，問題を生じた臨床例も報告されています。

● 移行対象

さて，「自宅から一つだけおもちゃを持ってきて良いことになっている」というルールは，事例にあげられた①〜④の配慮事項の②と関連して，幼児の年齢や場合によっては，持っていくおもちゃが「移行対象」の役割も果たすものと思われます。移行対象というのは，よく知られた例として，スヌーピーの漫画「ピーナッツ」に出てくるライナスという男の子がいつも手放さずに持っているあの毛布（セーフティー・ブランケット）のような物のことです。ほかに，タオルやぬいぐるみなどがよく移行対象とされるようです。生後１年半から２年目くらいにかけて母親との分離など，乳幼児にとってストレスフルな状況を経験するとき，いつも愛着をもっているぬいぐるみなどを持つことが乳幼児の情緒を穏やかにする機能があるとされています。

保育所に入園して間もない，園生活にまだ慣れない時期や，普段はすでに保育所での生活に適応ができている子どもでも，家庭に何か心配な事情が生

内言：
第２章／④言葉の発達／❸伝えるためのことば・考えるためのことば（p.94）参照

教え込み：
第２章／コラム「幼児早期教育への関心の高まり」（p.96）参照

移行対象：
ウイニコット,D.W.の術語。⑮

第3章　子どもの学びと保育　139

じたときや身体の調子が良くないとき等，時として不安な心を抱えて登園する日もあることでしょう。

　子どもが肌身離さずもっているおもちゃなどを保育所に持っていくことは，不安を軽減する役割があるものですから，持っていってはいけないと取り上げて家に置いていくように叱ったり，保育所でも，他の子どもに貸してあげるように無理強（むりじ）いしたりしないで，見守ることが大切です。いずれ，自然に必要としなくなる時がきて，すっかり見向きもしなくなるものです。さっちゃんは，4歳ですので，一般的にはその年齢にはもう移行対象は必要ではありません。しかし，そうした年齢の子どもでも，先述したように，何か情緒の不安定なとき，移行対象のような役割を果たす対象（モノ）があると安心できることもあると思われます。

移行対象：
4月，年少から年中クラスになって担任が代わったばかりの頃，家で折った折り紙をにぎって登園していた園児の例もあります。(『3年間の保育記録』2004) ⑯

事例❽　「だれのか覚えてるよ」　【記憶の発達】

　1歳児の保育室の昼食時間は忙しくて，にぎやかだ。

　1歳児の保育士定数は多くの区市町村では国の基準を上回って4対1になっており，また，120人定員の保育所では乳児定員は30人位を基準にしているので，0歳児12人，1歳児18人，そして保育士が5人，という大所帯での生活になっている保育所も少なくない。

　保育室の1歳児クラスは「4月1日時点で1歳」ということなので4月2日に2歳の子どももいて，秋になるころには半分以上が2歳及び2歳半の子どもたちで構成されることになる。お話が十分にできる子どもとまだ喃語程度の子どもとが混在していて，共同生活は子どもたちにとっても苦労がある。

　でもお昼の時間は皆待ち遠しい。皆で机に座って井戸端会議のように話したり，隣の子と突っつきあったり……

　保育士にとっては最も多忙な時間である。子どもたちの排せつを済ませて，それぞれのテーブルにつかせ，5人の保育士のうち休みや出張遅番の保育士を除く4人ほどで役割分担をする。忙しいが皆手際よく，外部の人が見学に来ると「1人でも大変な1歳児を，まあ24人もよく保育できること」と感心されるのである。

　配膳し，お手ふきを配り，顔や手をふかせ，そしてふざけ過ぎて争いになる子の気を紛らわせて……

　エプロン1枚とお手ふき3枚は毎朝保護者が送ってきたときに3つのかごに分けて入れてもらう。朝のおやつ用のお手ふき1枚，昼食用のお手ふきとエプロン各1枚，そして夕方のおやつ用のお手ふき1枚。

親が毎日洗って持ってくることはなかなか難しいため，少なくとも9枚程度のお手ふきを用意してある。もちろん，色・柄・大きさは子どもによってさまざまである。
　だから保育所では「必ず名前を書いてください」としばしば伝えている。でも名前のないお手ふきは多くある。
　保育士は「また，名前がないんだから……　誰のか分からないじゃない……」とぶつぶつと愚痴を言う。子どもたちは暇である。それを聞きながら何にもない机に座って両手でトントンと机を叩くしかないのである。することがないのでよく見ている。保育士の様子も手に持っているお手ふきも。

　「また，お名前がないわ……」というが早いかある子どもが言う。「それ，かんたちゃんの……」「あ！それ，みよちゃんの！」「それはぞうさんがついてて，きいちゃんのだ」（1歳児クラスには，すでに2歳になっている子もいる）
　保育士は「はい，かんたちゃん」「はい，みよちゃん」「はい，きいちゃん」と子どもの言うとおりに配っている。でも絶えず「どうして名前書かないのでしょうね……」と言い，時には「ママに書いて！ってお願いしておいてね」と言っている。
　名前が書いてあったとしても子どもは字が読めない。でも名前が書いていなくても子どもには誰のものかはわかる。お手ふきの柄に関心が強いからである。
　保育士は記名に頼り，記名しない親を批判するのでいつまでも覚えられない。
　大きな上着が忘れものとして置いてあり，昨日まで誰が着ていたのか保育士の記憶になくて，子どもの記憶にはあるという場合も多い。
　子どもの記憶に助けられて，食事やおやつのお手ふきは無事その子のテーブルに置かれるというわけである。

■ 解　説

　おむつのモコモコしたおしりをしたヨチヨチ歩きの幼児にも，記憶する力があります。誰かの動作を見た直後にその場で模倣（もほう）するだけでなく，時間が経過してから模倣する様子は，すでに9か月児にもみられるといわれています。1歳半を過ぎた頃からは，数時間あるいは数日経（た）ってからの，「遅延（延滞）模倣（ちえん（えんたい）もほう）」と呼ばれる模倣がよく見られるようになります。

　幼児の記憶力はまだ十分に発達しているわけではありませんが，日常の生活においては，幼い子どもの記憶力に驚かされることがあります。この事例にある，多種多様なお手ふきについての記憶や，忘れものの上着がだれのものかを記憶しているのも，大人顔負けの記憶力です。

　事例の1歳児クラスの子どもたちは，それぞれのご家庭で用意してもらった「色・柄・大きさ」のさまざまなお手ふきを，昼食時に保育士さんに配ってもらっています。大人（保育士さん）にはとうてい覚えきれない一人一人異（こと）なったお手ふきを，わずか生後1，2年しか経っていない幼児たちが，「それは『かんたちゃんの』」，「それは『みよちゃんの』」お手ふきと言っています。「『ぞうさん』の柄のは『きいちゃんの』」お手ふきと言っている子どももいます。お手ふきの模様に注目して弁別（べんべつ）しているようです。さまざまな色目や絵柄，大きさなど，物理的な特徴を弁別して記憶・保持（ほじ）しているのでしょう。

　このように，幼児期にも記憶の活発な活動がみられますが，"ことば"についてはどのくらい記憶できるのか調べてみるための心理学実験も試みられています。そんな中で，次のイストミナ,Z.M.の実験結果❼は示唆（しさ）に富むものです。子どもにただ単純に単語を記憶させて，その後いくつ再生（想起）できるか調べる実験と，「ごっこ遊び」のなかでお店屋さんに行って買ってくる品物を思い出して買い物をする，という記憶実験を行っています。二つの実験結果を比較して，単語を記憶することを強制される（覚えさせられる）実験よりも，お店屋さんごっこという楽しい遊びの方が子どもの記憶できる単語数が多いという結果が報告されています。子どもの記憶力は年齢によって発達しますが，この実験結果からは，年齢の発達によるだけではなく，課題状況によって記憶力が変わることが推察（すいさつ）されます。実験室の中での，子どもにとって興味のないことについて記憶する実験の状況においてはまだ多くは記憶できない年齢でも，お店屋さんで買うものを覚えて思い出すという，生活の中の必要性のある状況ではより多くの記憶が可能となるということがうかがわれます❽。

　にぎやかな保育室の昼食時間，「また，お名前がないわ……」「ママに書いて！ってお願いしておいてね」という保育士さん。保育士さんが誰のか解ら

遅延模倣：
第2章／❸記憶の発達
（P.90）参照

ココも、見てね！

ないお手ふきを，子どもたちが一枚一枚教えてあげるという，毎日，繰り返されるやりとり。子どもたちも，忙しく立ち働きながらの保育士さんも，ともにやりとりを楽しんでいる様子が伝わってきます。こうした人と人とのコミュニケーションのなかでこそ，子どもの発達が促されていくのでしょう。

事例❾　「葉っぱのお皿」　【象徴機能の獲得】

　まだ歩き始めの陽菜ちゃんは，歩くのが楽しくて仕方がない。先生が「陽菜ちゃん，おいで！」と言うと，一直線に全速力。でも転んでしまう。転んだとたんに今までのいっぱいの笑顔は大泣きになる。驚いたのと，痛いのと…。もう手がつけられないほどの泣き方である。しかし「痛かったね。痛いの痛いの飛んで行け！」と言いながら痛い足に触った先生の手が空に向かって動くと，先生の手を目で追いながら泣き止むのである。こんな経験は子育ての中ではしばしばみられる。

　「うそこ」は３歳くらいからの子どもの遊びの場面ではよく見られる。ままごとをしている詩織ちゃんはお母さん役になり，お食事の支度をしていた。「うそこのお皿に，ハンバーグいれて……」 手を動かしながら独り言を言いながら，大きな葉っぱの上に紙に書いたハンバーグを載せている。自分が毎日食事で使っているお皿に葉っぱを見立てるには，「うそこ」という言い訳が必要なようだ。１歳児では葉っぱを出してそのままお皿としても疑問はない。

　絵本「あかがいちばん」（キャシー・スティンソン作／ほるぷ出版）では，主人公の「わたし」が「赤がすきなのに　お母さんたら何にもわかってないんだよ」といって次々に場面を紹介する。たとえば，お母さんは「そのパジャマは薄いので風邪ひくよ」というけれど「私はそのパジャマだとねているあいだ，おばけを追っ払ってくれるんだ」という。「赤いコップもみどりのコップも同じでしょ　みどりについじゃったから，みどりのコップで飲んで」というお母さんに対し，私の内心は「だって赤いコップのほうがジュースはだんぜんおいしいの」という。「あかいえのぐがない」という私にお母さんは「あら，もうあかはほとんどないわね。かわりにオレンジつかったら」と言う。「だけど　赤いえのぐをつかうとうたがきこえてくるんだよ」。この本が子どもたちに人気があるのは，おばけを追っ払う，ジュースの味がおいしくなる，歌が聞こえる絵の具，と子どもが空想を実感できるからである。

　大人はこのような子どもの状態を利用して，ぬいぐるみのクマを蹴飛ばす子どもに「くまちゃんが痛いでしょ，ダメよ」と言う。絵本を破った子ども

に「絵本さんがいたいいたいって言ってるよ」という。しかし，このことが自然なのは3歳くらいまで。子どもは「クマのぬいぐるみや絵本は痛くない，痛いから蹴飛ばしたり破ったりしてはいけないのではなく，大切なものだから蹴ったり破ってはいけないのだ」と言う方が理解できるようになる。

子どもは「鳩サブレー」を食べる。頭からかじるのである。痛くない，生きていないと思うから食べることができるし，許される。子どものしつけに真実でないことを利用するのは時として容易であるが，気をつけたいことでもある。

■ 解　説

● 「ごっこ遊び」

子どもたちの好きなままごと遊びは，「ごっこ遊び」といわれる遊びの一つです。ごっこ遊びは，ピアジェのいう「象徴遊び」とほぼ同義とされています。お医者さんごっこ，電車ごっこ，ままごと等のように，ごっこ遊びは，その活動内容が子どもの日常生活における経験を材料として再現されることが多いものです。しかし，単に現実の日常経験が再現されるだけではありません。幼児期初期の単純なパターン化したごっこ遊びから，幼児期中期，後期と，その内容は想像力を生かした創造的なごっこ遊びへと変化・発達していきます。

この事例の詩織ちゃんは，おままごとのなかで葉っぱをお皿に見立てています。こうした見立てができるということから，「象徴機能」が活発に働き始めていることがうかがわれます。

象徴遊び（symbolic play）（ごっこ遊び (make-believe play)）：第1章／コラム（p.33）参照

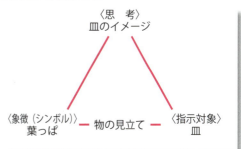

乳児期の終わり頃から，積み木を自動車にみたてたり，腕を脇につけて回しながら電車（汽車）が走っている動作をしたりして遊びます。現実の事物やことがら（事象）を，それを代理する別のモノに変換すること，すなわち「象徴機能」をつかって遊んでいるわけです。「象徴機能」をつかえるということは，目の前にある実際の物や事を変換して，内面（心の中）で取り扱うことができるようになったことを意味します。「思考」の働きの特徴である内面性を獲得しつつあるということです。このことは，「認知発達」や"ことばの発達"にとって非常に大切なことと考えられます[19]。

象徴機能（symbolic function）：第2章／❷思考の発達／❶ピアジェによる思考の発達段階説（p.89）参照

ことばの発達：第2章／❹ことばの発達（p.92）参照

● 想像力，「アニミズム」

事例には，子どもが空想を実感できる絵本として，「あかがいちばん」が取り上げられています。子どもが想像力を豊かに働かせ，ひととき現実の世

界から放たれて，ものがたりの世界に存分に遊ぶ経験は，発達にとって非常に大切です[20]。子どもとイマジネーションを共有できるような瑞々しい感性をもった保育者（大人）となって欲しいと思います。

　また，ある時期までの幼児には，ぬいぐるみのクマを蹴飛ばしたら「くまちゃんが痛い」と，ぬいぐるみをまるで生きている動物のようにとらえる様子がみられます。ピアジェが，「アニミズム」とよび，幼児期の心理的特徴の一つとしているものです。生命のないものに，生命や意志，意識などの心の働きを認めることを指します。一方，動物をかたどったビスケットを頭からかじるという，事例にみられるような子どもの姿もあります。一般に，子どものよく知っている対象については，アニミズム反応が少ないといわれています。

アニミズム（animism）：
第2章／[2]思考の発達／
[1]ピアジェによる思考の発達段階説（p.89）
第3章／[3]乳幼児の学びの過程と特性（p.112）
参照

● より深い学びのために

　ごっこ遊びの発達については，内田（1989，2008改訂版 p.69～78）[21]に，幼児期初期から後期にかけてのごっこ遊びの観察記録が報告され，その分析が詳述されています。

● 引用・参考文献
[1] 厚生労働省「保育所保育指針」2017
[2] 文部科学省「幼稚園教育要領」2017
[3] 内閣府（子ども子育て本部）「幼保連携型認定こども園教育・保育要領」2017
[4] American Psyohiatric Association「DSM-5 精神疾患の分類と診断の手引き」医学書院　2014
[5] 文部科学省初等中等教育局特別支援教育課「通常の学級に在籍する発達障害の可能性のある特別な教育的支援を必要とする児童生徒に関する調査」2012
[6] ぐるーぷ・エルソル編『こどものことば―2歳から9歳まで』晶文社　1987
[7] 日本認知科学会編　稲垣佳世子・波多野誼余夫著・監訳『子どもの概念発達と変化―素朴生物学をめぐって』共立出版　2005
[8] 読みあう活動研究会著　樋口正春・仲本美央編著『絵本から広がる遊びの世界―読みあう絵本』風鳴社　2017
[9] 林明子『こんとあき』福音館書店　1989
[10] 小口忠彦編『新教育心理学基本用語辞典』明治図書　1982
[11] 小口忠彦『人間のこころ』有斐閣　1983
[12] 村田安太郎『保育の根っこにこだわろう』①　全社協　1990
[13] 吉田博子「コミュニケーション能力とは」小口忠彦監修『人間の発達と生涯学習の課題』2001　p.p.219～221
[14] 『心理学辞典』有斐閣　2010
[15] Winnicott,D.W.　Playing and Reality　Basic Books 1971（ウィニコット,D.W.　橋本雅雄訳『遊ぶことと現実』岩崎学術出版　1979）
[16] 文部科学省特別選定『3年間の保育記録』（映像資料）岩波映像　2004
[17] ナイサー,U.　富田達彦訳『観察された記憶―自然文脈での想起』（上・下）誠信書房　1988, 1989
[18] 永野重史『発達とはなにか』（シリーズ人間の発達8）　東京大学出版会　2001
[19] ガーヴェイ,C.　高橋たまき訳『「ごっこ」の構造：子どもの遊びの世界』サイエンス社　1980
[20] 村瀬嘉代子『子どもと大人の心の架け橋　心理療法の原則と過程』金剛出版　1995
[21] 内田伸子『幼児心理学への招待―子どもの世界づくり』（改訂）　サイエンス社　2008

著者紹介

長谷部（大野）比呂美（はせべ（おおの）・ひろみ）
お茶の水女子大学大学院人間文化研究科発達社会科学専攻修了・人文科学修士
淑徳大学短期大学部・教授
［著書等］
『教師・保育者のための教育相談』萌文書林　2017（共著）
『保育・福祉専門職をめざす学習の基礎』ななみ書房　2009（共著）
『幼児教育ハンドブック』お茶の水女子大学子ども発達教育研究センター
　　2004（分担執筆）

日比　曉美（ひび・あけみ）
お茶の水女子大学大学院人文科学研究科教育心理学専攻修了・文学修士
前蒲田保育専門学校・講師，社会福祉法人桜樹会・白ばら学園第2こどもの家副園長
［著書等］
『子どもの元気を育む保育内容研究』不昧堂出版　2009（共著）
『子どものこころ，子どものからだ』八千代出版　2003（共著）
『人間の発達と生涯学習の課題』明治図書　2001（共著）
『人間性の心理学―モチベーションとパーソナリティ』産能大学出版部　1987（共訳）

山岸　道子（やまぎし・みちこ）
日本社会事業大学児童福祉学科修了
保育所園長等を経て　前東京都市大学・教授
［著書等］
『養護原理』大学図書出版　2010（編著）
『乳児保育』北大路書房　2009（共著）
『子育て支援』大学図書出版　2007（編著）
『保育所実習』ななみ書房　2006（編著）

吉村真理子（よしむら・まりこ）
千葉大学大学院学校教育専攻教育心理学分野修了・教育学修士
千葉敬愛短期大学・教授
［著書等］
『教育相談とカウンセリング―子どもの発達理解を基盤として』樹村房　2018（共著）
『発達心理学―保育者をめざす人へ』樹村房　2009（共著）
『子どもの発達理解とカウンセリング』樹村房　2006（共著）

保育の心理学

	2019 年 4 月 1 日　第 1 版第 1 刷発行
	2023 年 3 月 1 日　第 1 版第 4 刷発行

●著　者	長谷部比呂美 / 日比曉美 / 山岸道子 / 吉村真理子
●発行者	長渡　晃
●発行所	有限会社　ななみ書房
	〒 252-0317　神奈川県相模原市南区御園 1-18-57
	TEL　042-740-0773
	http://773books.jp
●絵・デザイン	磯部錦司・内海　亨
●印刷・製本	協友印刷株式会社

©2019　H.Hasebe,A.Hibi,M.Yamagishi,M.Yoshimura

ISBN978-4-903355-77-1

Printed in Japan

定価は表紙に記載してあります／乱丁本・落丁本はお取替えいたします